Renate Germer
Mumien

Die Mumie Amenophis' II. in ihrem Grab

Renate Germer

Mumien

Albatros

© 1991 Artemis & Winkler Verlag
© 1995 Patmos Verlag GmbH & Co. KG
Artemis & Winkler Verlag, Düsseldorf und Zürich
© ppb-Neuausgabe 2001 Patmos Verlag GmbH & Co. KG, Düsseldorf

Bibliographische Information der Deutschen Bibliothek
Die Deutsche Bibliothek verzeichnet diese Publikation
in der Deutschen Nationalbibliographie;
detaillierte bibliographische Daten sind im Internet
über http://dnb.ddb.de abrufbar.

© 2005 Patmos Verlag GmbH & Co. KG
Albatros Verlag, Düsseldorf
Alle Rechte vorbehalten.
Umschlaggestaltung: butenschoendesign, Lüneburg
Umschlagmotiv: Mumie einer Frau mit Kartonagemaske, 1. Jh. v. Chr.,
Ägyptisches Museum der Universität Leipzig
Printed in Germany
ISBN 3-491-96153-X
www.patmos.de

Inhalt

Vorwort

Das vorliegende Buch wurde vor allem durch die große Unterstützung des Kestner-Museums, Hannover, ermöglicht. Die Leiterin der Ägyptischen Abteilung, Frau Dr. Rosemarie Drenkhahn, überließ mir bereitwillig die Ergebnisse der in ihrem Haus durchgeführten Mumienuntersuchung. Sie unterzog sich auch der Mühe, mein Manuskript kritisch durchzusehen, und war mir mit zahlreichen Hinweisen bei der Arbeit behilflich.

Weitere Hinweise verdanke ich auch Frau Dr. Beatrix Geßler-Löhr, Heidelberg.

Zahlreiche Museen stellten mir großzügig Abbildungen zur Verfügung. Ihnen allen danke ich hiermit recht herzlich.

R. G.

Einleitung

Mit Ägypten verbindet man seit altersher die Vorstellung von Pyramiden, Hieroglyphen und Mumien. Bereits in der Antike fielen den ausländischen Besuchern des Landes am Nil die merkwürdigen Bestattungsbräuche der Ägypter auf, indem sie die Körper der Verstorbenen so behandelten, daß sie nicht verwesen konnten. So berichtet auch Herodot, als er im 5. Jh. v. Chr. Ägypten besuchte, ausführlich über diese seltsamen Balsamierungsverfahren. Ähnlich dann im 1. Jh. v. Chr. der römische Berichterstatter Diodorus Siculus, aber auch in der Bibel – im Alten Testament – wird bereits die ägyptische Weise der Behandlung der Körper erwähnt: Jakob, der Vater Josephs, war in Ägypten verstorben und dann heißt es:[1]

«Joseph befahl seinen Dienern und Ärzten, seinen Vater zu balsamieren, und die Ärzte balsamierten Israel, bis daß vierzig Tage um waren, denn so lange währen die Balsamierungstage. Und die Ägypter beweinten ihn siebzig Tage.»

Die Mumifizierung war und ist für die Menschen außerhalb Ägyptens schon immer etwas Eigenartiges, und auch heute noch geht von Mumien eine Faszination aus. Man sieht sie auch in Horrorfilmen, und für manchen Krimi mußten Mumien als Requisiten herhalten. Außerdem weiß jeder Museumsdirektor einer ägyptischen Sammlung, daß Schulklassen zuerst nach Mumien fragen...

Waren bis vor einigen Jahrzehnten Mumien noch beliebte Jahrmarktsobjekte und ausgewickelte Mumien ein selbstverständlicher Bestandteil einer ägyptischen Ausstellung, so ist man heute in dieser Hinsicht sensibler geworden. Man beginnt sich zu fragen, ob wir ein Recht dazu haben, die sterblichen Überreste eines Menschen zum Schauobjekt zu machen. Eine erste Konsequenz dieser Überlegungen war die Schließung des Königsmumiensaales im Museum von Kairo, die Präsident Sadat verfügte. Die ehemaligen großen Herrscher seines Landes sollten nicht der Neugierde der Touristen preisgegeben werden.

Andererseits sind Mumien von großem wissenschaftlichen Interesse. Bei keinem anderen vergangenen Volk der Erde haben wir wie bei Ägypten die Möglichkeit, so viel über die damaligen Lebensbedingungen zu erfahren. Von anderen Völkern sind meist nur Skelette erhalten. Daraus kann der Anthropologe zwar auch viel entnehmen, anders ist die Situation aber, wenn uns der vollständige Körper erhalten ist. Vergleicht man dann noch die aus der Mumienuntersuchung gewonnenen Erkenntnisse mit schriftlichen Zeugnissen und archäologischen Funden, so ergibt sich ein einmaliger Einblick in das Leben eines vergangenen Kulturvolkes.

Diese wissenschaftlichen Möglichkeiten berechtigen uns wohl dazu, Mumien zu untersuchen. Wir sollten uns dabei aber immer bewußt sein, daß sie uns als ein Erbe des Pharaonenreiches überkommen und sorgfältig zu behandeln sind. Es waren einst große Persönlichkeiten ihres Landes, deren Familienverhältnisse und berufliche Laufbahn wir aus den Beschriftungen ihrer Särge und den Grabinschriften ersehen können. Die Untersuchung ihrer Körper läßt uns ihre Lebensumstände erkennen, manchmal auch ihre persönlichen Schicksale wie Krankheiten und früher Tod. Aber diese Untersuchungen sollten so schonend und zerstörungsfrei wie nur irgend möglich erfolgen. Dies ist heute dank moderner naturwissenschaftlicher Untersuchungsmethoden wie Röntgen und Computertomographie denn auch möglich geworden.

Mumien sind für uns nicht länger Gruselobjekte, sondern sie sind zu sprechenden Zeugen ihrer Vergangenheit geworden.

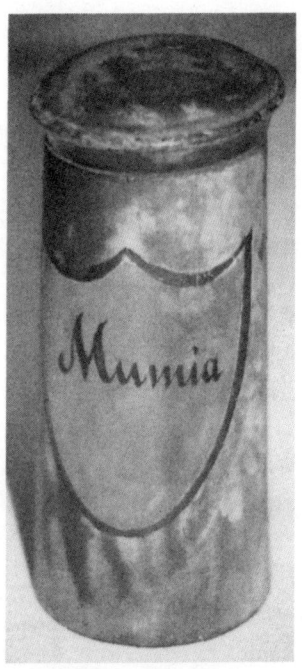

Apothekergefäß für zermahlene Mumie (18. Jh.).
Pierre Pomet widmet in seinem illustrierten Handbuch der
Pharmakognosie «Der aufrichtige Materialist und
Specerey-Händler» (Leipzig 1717) der Droge
Mumia ein langes Kapitel.

Mumien als Heilmittel

Das erste größere Interesse, das man in Europa an altägyptischen Mumien hatte, war vor allem wirtschaftlicher Art. Zermahlene Mumie entwickelte sich vom 13. Jahrhundert an zu einem heiß begehrten, vielseitig verwendbaren Heilmittel. Wie es zu dieser uns heute recht makaber erscheinenden Verwendung kam, läßt sich recht gut nachvollziehen.

Das Wort «Mumie» kommt aus dem Persischen und bezeichnet dort ein schwärzliches Erdpech oder Bitumen, das schon sehr früh in der Heilkunde genutzt wurde. Dioskurides (1. Jh. v. Chr.), der es «Pissasphalt» nannte, verordnete es vor allem zur Wundbehandlung.[2]

Dieses in der Natur vorkommende Kohlenwasserstoffprodukt, das später den Namen «natürliche Mumia» trug, war noch bis ins 18. Jahrhundert außerordentlich begehrt. Sir William Ouseley[3], der um diese Zeit in Persien reiste, berichtete, daß dort die ganze Jahresproduktion an *Mumia* nur gerade die Größe eines Granatapfels erreichte und die Erträge dem königlichen Schatz einverleibt wurden. In kostbaren Gefäßen verpackt diente *Mumia* als besonders wertvolles Geschenk des Königs von Persien an europäische Herrscher. So erhielten Ludwig XIV. und Graf

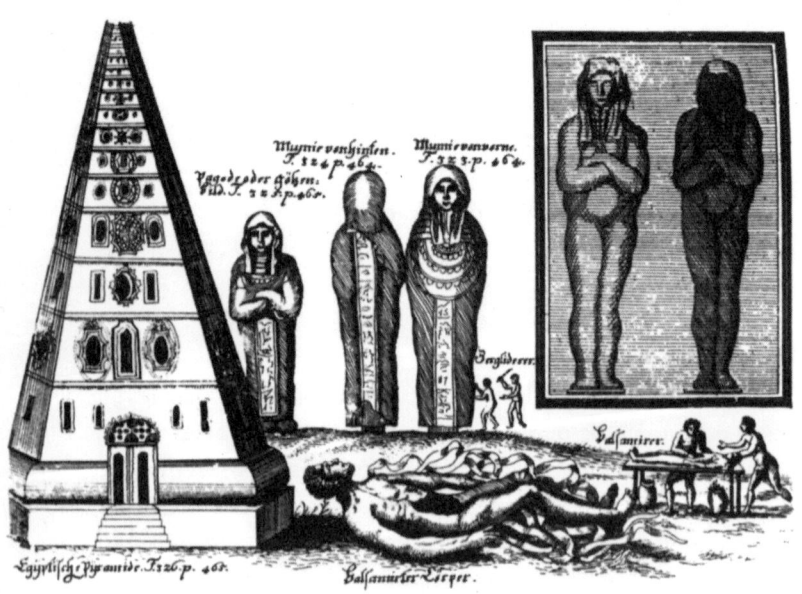

Illustration von Pomet zum Kapitel «Mumia»

Condé sowie die russische Zarin Katharina die Große und noch 1809 Königin Charlotte von England[4] jeweils eine solche Gabe.

Diese große Seltenheit der *Mumia* genannten Substanz erklärt, daß man sich schon früh nach einem billigeren Ersatzprodukt mit gleicher Heilwirkung umsah. So schrieb bereits im 12. Jahrhundert der arabische Arzt Abd al-Latif, daß man die mineralische *Mumia* durch die schwarzen, harzigen Substanzen aus den Körperhöhlen einbalsamierter Leichen ersetzen könne. Bis zur Verwendung von zermahlenen, schwärzlichen Mumienteilen war es dann nur noch ein kleiner Schritt. Wenn auch immer wieder unter Ärzten und Apothekern ein wissenschaftlicher Streit ausbrach, ob *Mumia* überhaupt eine heilkräftige Droge sei, war sie vor allem im 16. und 17. Jahrhundert ein weit verbreitetes Heilmittel und gehörte in jede Apotheke.

Da eine echte altägyptische Mumie anscheinend ein «Muß» für jede gut bestückte Apotheke war, erwarb auch die Lübecker Ratsapotheke im 18. Jh. eine Mumie, die dort bis 1811 ausgestellt war. Der Kopf dieser Mumie ist ausgewickelt. Im Gesichtsschädel sieht man ein gebohrtes Loch, durch das man wohl das kostbare Mumienharz herausgeholt hatte.[5]

Aber man empfand wohl eine Mumie ohne «Zubehör» als zu wenig interessant, und so stellten Tischler einen dazu passenden Sarg her, und auch ein bemaltes Mumientuch wurde angefertigt. Als Vorlage nahm man eine Zeichnung aus dem Lexikon von Schmuzer[6], die eine Kopie aus der Reisebeschreibung von Pococke 1737/8 ist.[7]

Wie hoch geschätzt zermahlene Mumie war, sieht man übrigens auch daran, daß der französische König Franz I. immer ein Päckchen davon bei sich trug, um bei Verletzungen das Heilmittel gleich zur Hand zu haben.

Um den großen Bedarf an Mumien für pharmazeutische Zwecke zu decken, entwickelte sich in Ägypten ein schwungvoller Handel. Der Ausfuhrhafen war Alexandria, und von dort wurden die Mumien vor allem nach Venedig, Lyon und Marseille verschifft. Auf türkisch-arabischer Seite versuchte man allerdings immer wieder, diesen Mumienhandel zu unterbinden. Die Muslims wollten vor allem aus Aberglauben verhindern, daß ihre Vorfahren von Christen «verspeist» wurden. Zudem befürchteten sie, daß die Christen aus Mumien einen wirkungsvollen Zauber gegen sie selbst herstellen könnten.

Die Möglichkeiten, mit Mumien Geld zu machen, waren aber anscheinend recht günstig, und der Bedarf muß teilweise enorm gewesen sein. Da wurden dann auch schon einmal Mumien gefälscht, um sie den Christen als antike Stücke zu offerieren. Als Guy de la Fontaine 1564 Ägypten bereiste, um Nachforschungen nach den Gebrauchsmöglichkeiten von *Mumia* anzustellen, erfuhr er bei einem jüdischen Mumienhändler in Alexandria, daß dieser antike Mumien aus Körpern kürzlich verstorbener Personen herstellte.

Erst im 19. Jh. begann das Produkt *Mumia* aus den Apotheken langsam zu verschwinden, aber selbst in der Preisliste des Pharmawerkes E. Merck in Darmstadt war noch 1924 *Mumia vera Aegyptica* zum Preis von 12 Goldmark pro Kilo aufgeführt.

Papier aus Mumien

Eine weitere wirtschaftliche Nutzung von Mumien war die Herstellung von Papier aus ihren Leinenumwicklungen. Diese Verwendung dauerte allerdings nicht sehr lange, es müssen aber Tausende von Mumien zu diesem Zweck verarbeitet worden sein. So berichtet Augustus Stanwood, sein Vater habe

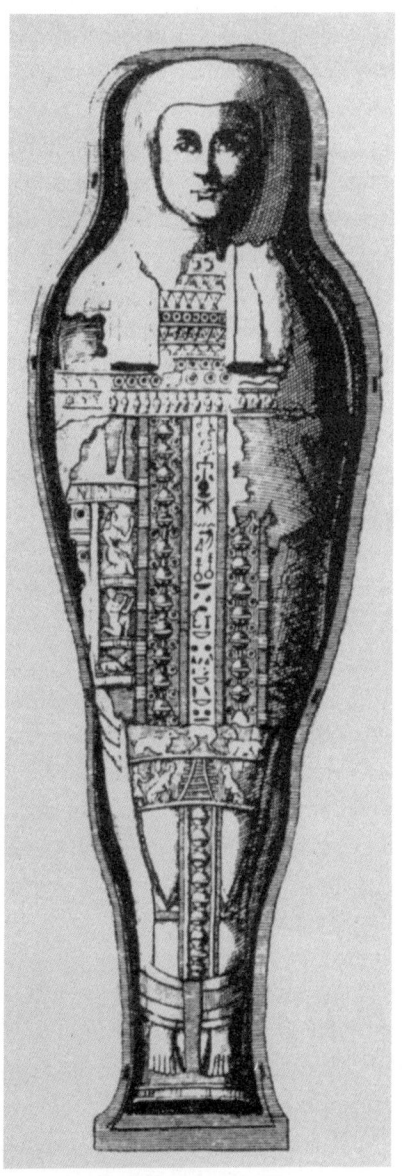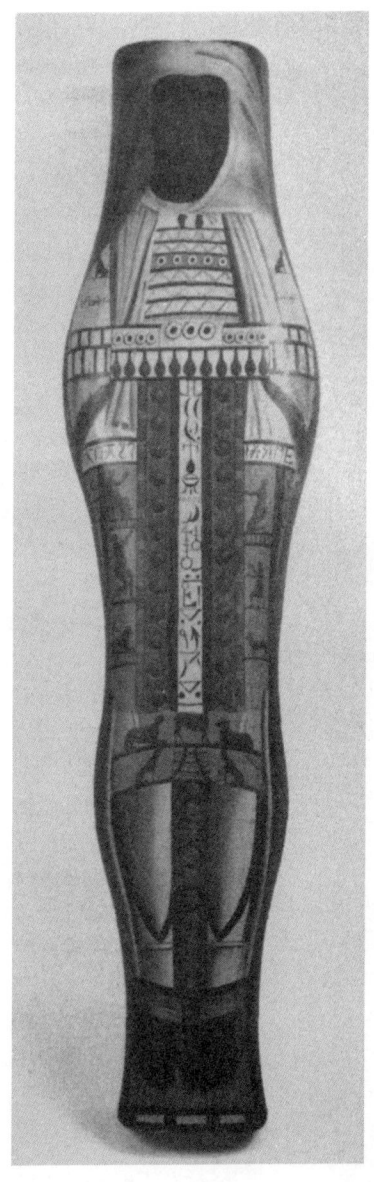

Darstellung eines ägyptischen Sarges von Pococke/Schmuzer und (rechts) der Sarg der Mumie aus der Ratsapotheke von Lübeck

für seine Papiermühle in Maine während des amerikanischen Bürgerkrieges Mumien eingeführt und aus den Leinenumwicklungen braunes Papier hergestellt.[8]

Auch nach Kanada gingen im 19. Jh. Schiffsladungen voll Mumien. Der Papierbedarf war so gestiegen, daß die eigene Lumpenproduktion für die Papiermanufaktur nicht mehr ausreichte.[9]

Die Qualität des Papieres aus Mumienbinden war aber nicht besonders gut, und so stellte man den Import wieder ein.

Mumien, ein Souvenir aus Ägypten

Nun sah man im Abendland Mumien aber nicht nur unter dem Aspekt wirtschaftlicher Nutzung. Man begeisterte sich für sie auch als Kuriosum, das einen besonderen Platz in den im 17. und 18. Jh. üblichen Raritätenkabinetten einnahm.

Vom Aussehen der Mumien, von denen man sonst nur das schwarze Pulver kannte, erfuhr man in Europa durch die Reisebeschreibungen der frühen Orient-Reisenden, die entweder als Kaufleute, Kleriker oder Pilger nach Ägypten kamen. Sie ließen sich von einheimischen Dragomanen zu den Grüften führen, um dort beim Fackellicht die Mumien genau zu untersuchen und oft auch schon auseinanderzunehmen.[10] Wieder in der Heimat angekommen, schrieben sie ihre Beobachtungen auf, denn Reisebeschreibungen wurden damals gerne gelesen.

Die Genauigkeit der Aufzeichnungen aus dem 16. und 17. Jh. ist sehr unterschiedlich, aber alle Reisenden äußern sich erstaunt darüber, daß die Körper, teilweise sogar die Haare, so gut erhalten waren. Einige Autoren vermerken bereits, daß manche Mumien vergoldete Fingernägel haben, die Gesichter mit Goldmasken oder Kartonagen bedeckt sind und sie Schmuckstücke wie

Vincent Stochove: Mumienuntersuchung (1631)

Ketten, Armbänder und Ringe tragen. Auch Amulette und die aus Fayence hergestellten Figuren der vier Horussöhne, der Schutzgötter der Eingeweide, die sich manchmal im Innern von Mumien finden, werden beschrieben.

Ein sehr guter und interessierter Beobachter war Gabriel Brémond.[11] Er reiste von 1643 bis 1645 durch Ägypten. In Saqqarah ließ er es nicht dabei bewenden, sich Mumien nur zeigen zu lassen, sondern seine Reisegesellschaft und er setzten ihren Ehrgeiz daran, selbst eine Mumiengruft zu entdecken. Sie hatten besonderes Glück, denn nach der Beschreibung von Brémond muß es sich um ein reiches Familiengrab der römischen Zeit gehandelt haben, das sie fanden. Brémond beschreibt die Mumien so genau, daß man sie fast danach zeichnen könnte:

«Mumie eines Mannes, in seiner ganzen Länge mit einem Tuch bedeckt, das ganz mit Gold und Blumenwerk bemalt ist; dann eingewickelt in ein weiteres Leinen, auch ganz bemalt und vergoldet, genäht und gestärkt.

Dann, gut eingewickelt in Leinenbinden, balsamiert mit Bitumen, das auch das Gewebe durchdringt und zusammen damit austrocknet, befindet sich das, was man eine Mumie nennt.

Über allem ist das Bildnis des Verstorbenen, der ein junger Mann zu sein scheint, mit Hieroglyphen, Schriftzeichen und Siegel aus Blei, die Belege dafür sind, daß diese Person von besonderer Stellung gewesen ist.

Seine Kleidung ist sehr lang, bis zur Mitte der Beine, bemalt mit Goldfiguren, Perlen und Ornamenten, die gut dargestellt sind. Der Kopf ist auch verziert, die Haare schwarz und frisiert, seine Hautfarbe bräunlich. Er hat auf dem Magen, an Stelle eines Gürtels, ein Medaillon in Form eines Vogels . . .»

Nicht alle diese wunderbar verzierten Mumien wurden gleich an Ort und Stelle auseinandergenommen, sondern einige sehr vorsichtig transportiert und nach Europa gebracht.

In der Renaissance hatte man sich für das alte Ägypten mit seinen so sonderbaren Kulturdenkmälern zu interessieren begonnen. So kamen denn zwei von dem Italiener Pietro Della Valle 1615[12] in Saqqarah gefundene Mumien zuerst nach Rom und 1728 in die Antikensammlung Augusts des Starken nach Dresden.

Diese Mumien sind wohl die frühesten, die vollständig erhalten nach Europa kamen; sie sind noch heute in Dresden zu besichtigen.[13]

Vom 18. Jh. an begannen dann Mumien nach Europa zu strömen. Ein Ägyptenreisender, der etwas auf sich hielt, brachte eine mit nach Hause. Leider blieben sie dann nicht nur Schaustücke einer Sammlung, sondern man wickelte sie auch aus. Dieses Mumienauswickeln war damals ein gesellschaftliches Ereignis. So lud Lord Londesborough 1850 zum Auswickeln einer Mumie in seine Stadtresidenz am Piccadilly ein und verschickte zu diesem Anlaß sogar gedruckte Einladungskarten.

Auch der Preußenprinz Friedrich-Karl brachte von seiner Ägyptenreise 1882/3, die er zusammen mit dem Ägyptologen Heinrich Brugsch unternahm, eine Mumie mit nach Berlin. Diese ließ er dann in seinem Jagdschloß Dreilinden im April 1883 auf seinem Billardtisch auswickeln. Die Herren waren aber von dem

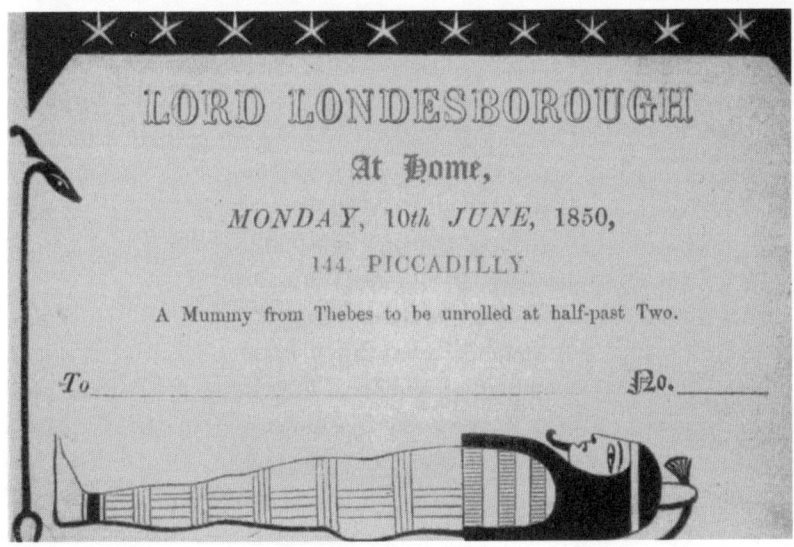

Einladungskarte zum «Mumienauswickeln»

Anzeige der Mumienausstellung in Hamm (1886)

Anblick doch etwas enttäuscht, denn von der Mumie hörte man nichts wieder.

Man wollte damals vor allem einmal das prickelnde Gefühl erleben, einer bereits vor mehr als zwei Jahrtausenden verstorbenen Person ins Gesicht zu blicken. Außerdem suchten die «Auswickler» nach Schmuckstücken und Amuletten, die manchmal zwischen den Bindenschichten lagen. Besonderes Glück hatte man, wenn sogar ein beschriebener und bemalter Papyrus, das sogenannte Totenbuch, mit eingewickelt war.

Noch 1904 gestattete das Berliner Ägyptische Museum das Auswickeln von sechs Mumien durch Prof. v. Hansemann, einen ehemaligen Assistenten Virchows. Man war aber nur auf der Suche nach Papyri, denn von den Befunden der Mumien selbst wurde nicht einmal ein Bericht angefertigt.

Ägyptenreisen waren damals sehr teuer, und nur wenige Personen konnten sich dies leisten. Für die großen Museen war der

24

Mumienaktie aus Hamm

Erwerb von Mumien dennoch nicht schwierig, da sie diese entweder als Geschenk von hochgestellten Persönlichkeiten nach ihrer Ägyptenreise bekamen, wie etwa das Britische Museum vom Prince of Wales, oder sie beteiligten sich selbst an Ausgrabungen in Ägypten und erhielten dann ihren Fundanteil.

Für kleinere Orte, die auch eine Mumie haben wollten, war das schwieriger. So ließen sich denn die Bewohner der Stadt Hamm in Westfalen etwas Besonderes einfallen. Von Ägypten begeistert, baten sie Heinrich Brugsch, der schon für Prinz Friedrich-Karl eine Mumie vermittelt hatte, um Hilfe. Da aber Geld knapp war, gründeten sie einen Mumienverein, der die ganze Sache organisieren sollte, und gaben Mumienaktien zum Preis von 20 Mark heraus, um Geld zu sammeln.

Der Plan gelang, und Emil Brugsch, der Bruder von Heinrich Brugsch, schickte eine Mumie nach Hamm, wo sie 1886 eintraf. Zuerst konnte man sie in einer Sonderausstellung in einem Restaurant besichtigen, später wurde die Mumie dann dem örtlichen Museumsverein übereignet.[14]

Wenn auch die meisten der im 19. Jh. durchgeführten Auswicklungen von Mumien aus Neugier und Sensationslust geschahen, gab es damals doch auch schon Wissenschaftler, die sich um eine exakte, naturwissenschaftliche Untersuchung bemühten. Der berühmteste darunter ist sicherlich der englische Arzt Thomas Joseph Pettigrew. Sein Name ging in die Wissenschaft ein, weil er Königin Viktoria von England gegen Pocken geimpft hatte. Mit Begeisterung aber wickelte er in öffentlichen Vorstellungen altägyptische Mumien aus und schrieb seine Beobachtungen in der ersten umfassenden Studie über Mumien «History of Egyptian Mummies» (London 1834) nieder – ein Buch, das auch heute noch von großem wissenschaftlichen Wert ist.

Da aber Pettigrew nach dem Auswickeln Teile der Mumien an Zuschauer vergab, wurden zahlreiche Reste zerstört, und so versagte das Britische Museum ihm die Erlaubnis, auch die dort aufbewahrten Mumien auszuwickeln.

Der Anfang einer naturwissenschaftlichen Untersuchung von Mumien aber war gemacht. Vom Beginn des 20. Jh. an zeugten nicht mehr nur die altägyptischen Denkmäler und Schriftzeugnisse von der hohen Kultur im Niltal, sondern ihre ehemaligen Bewohner selbst begannen gleichsam zu sprechen. Langsam, aber stetig mehrten sich die Informationen darüber, wie man in Ägypten begonnen hatte, die Körper der Verstorbenen zu balsamieren, welche Methoden verwendet, ausprobiert oder wieder fallengelassen wurden, bis im Neuen Reich, also von der Mitte des 2. Jahrtausends v. Chr. an, eine Blüte der Mumifizierungstechnik erreicht wurde.

Viele Einzeluntersuchungen ermöglichen es uns heute, diesen Entwicklungsweg der altägyptischen Mumifizierungstechnik nachzuvollziehen.

Ägyptens Klima als Voraussetzung für die Entwicklung der Mumifizierungstechnik

In vorgeschichtlicher Zeit haben die Bewohner von Ober- und Mittelägypten ihre Toten in eine Matte oder Felle gehüllt und dann in kontraktierter Position, mit einigen Grabbeigaben versehen, in der Wüste beigesetzt. Wurde dann durch Zufall einmal ein Grab freigelegt, durch den Wind oder wilde Tiere, konnten die Ägypter beobachten, daß sich die Körper manchmal erhalten hatten. Sie waren zwar eingetrocknet, aber Haut und Haare waren oftmals noch in gutem Zustand. Wie war das möglich gewesen?

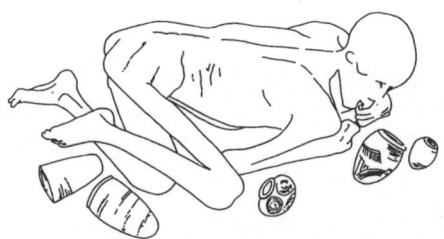

Vorgeschichtliche Naturmumie

Normalerweise setzt gleich nach dem Tode von innen her der Verwesungsprozeß ein. Aber bei besonders günstigen klimatischen Bedingungen, vor allem bei Wärme, verbunden mit guter Luftventilation, trocknet gleichzeitig die Haut und auch das Muskelgewebe aus. Dafür waren die Voraussetzungen in Ägypten optimal. Die Körper lagen im heißen Sand, und vor allem durch den Wüstenwind begann die Austrocknung und somit Konservierung. Das Muskelgewebe wurde hart und konnte deshalb von Insekten und Bakterien nicht mehr angegriffen werden. Erfolgte dieser Prozeß sehr schnell, stoppte er auch die Verwesung im Innern des Körpers.[15]

Es sind also die klimatischen Bedingungen die Ursache dafür, daß wir in Ägypten Naturmumien finden, wie sie auch von anderen Teilen der Erde bekannt sind. Zuerst taten die Menschen nichts, um die Körper zu erhalten, sondern das besorgte die Natur.

Die Untersuchungen dieser Naturmumien geben uns über viele Einzelheiten des Lebens im Niltal im 4. Jahrtausend v. Chr. Auskunft. Da an ihnen auch die Eingeweide erhalten sind, läßt sich heute sogar ihr Speiseplan rekonstruieren.

In Naga ed Dêr in Oberägypten hatte man eine ganze Reihe von Naturmumien ausgegraben. Von ihnen entnahm man Magen- und Darmproben, und Netolitzky[16] machte sich an die mühsame Aufgabe, durch mikroskopische Untersuchungen herauszufinden, was die Leute als letzte Mahlzeit zu sich genommen hatten. Dies waren interessanterweise andere Produkte, als wir sie aus den Grabbeigaben kennen. Dort hatte man vor allem die angebauten Kulturgetreide Gerste *(Hordeum vulgare L.)* und Emmer *(Triticum dicoccum Schübl.)* in den Töpfen mitgegeben. Im Darminhalt fanden sich aber auch Sammelpflanzen, so wie die Samen einer wilden Hirseart *(Panicum spec.)* und Blätter eines Borretschgewächses *(Trichodesma spec.).* Weiterhin ließ sich erkennen, daß die Leute damals große Mengen an Erdmandeln, den Wurzelknollen von *Cyperus esculentus L.* und Melonensamen *(Citrullus lanatus var. colocynthoides Schwf.)* verspeisten.

Neben Pflanzenprodukten waren Fische die Hauptnahrungsquelle der Leute von Naga ed Dêr. Die kleinen Fische hatte man mit Kopf und Schwanz gegessen; deshalb enthielten die entnommenen Proben so viele Knochenreste und Fischschuppen. Diese ließen sich zum Teil identifizieren. Danach waren vor allem die Karpfenart *Baralius niloticus* und die *Tilapia nilotica* beliebte Speisefische. Beide Fischarten finden wir später auch an den Grabwänden in den Netzen der Fischer abgebildet.

28

Ein kleines Kind hatte zuletzt, außer einem Getreidebrei, eine Hausmaus verspeist.

Nach den Beigaben in den Gräbern von Naga ed Dêr hätte man angenommen, die Hauptnahrungsquelle wäre Kulturgetreide gewesen. Die Untersuchungen des Magen-Darminhaltes von Naturmumien belehren uns aber, daß sich die Bevölkerung viel ausgewogener und vielseitiger ernährte. Sie sammelte Wildgräser und Blattgemüse, zog Erdmandeln und Melonen und aß reichlich Fisch und auch Kleingetier.

Die Ausstattung der Gräber wird reicher. Der Kampf gegen die Verwesung beginnt.

Man kann es fast eine Ironie des Schicksals nennen, daß die Ägypter, indem sie immer mehr Aufwand bei der Bestattung ihrer Toten trieben, keine Möglichkeit mehr hatten, die Körper selbst zu erhalten. Eingeschlossen in Särge und Grabbauten, hatten diese nun keinen Kontakt mehr mit dem heißen Wüstensand, die Ventilation fehlte, und sie verwesten. Im Alten Reich hatten die Ägypter noch nicht herausgefunden, wie sie die Zersetzung des Körpergewebes stoppen konnten.

Nach ihren religiösen Vorstellungen aber war es wichtig, die Körper der Verstorbenen zu erhalten, damit die beim Tode freigewordene Seele einen Platz hatte, in den sie zurückkehren konnte. Deshalb versuchten die Ägypter alles, um die Körper so herzurichten, daß sie möglichst lebendig aussahen.

Der erste entscheidende Schritt zur Erhaltung war die Entfernung der Eingeweide. Sicher haben die Ägypter an Tieren, die sie jagten oder fingen, beobachtet, daß die Verwesung bei den inneren Organen beginnt und sich der Körper länger hält, wenn diese herausgenommen sind. So haben sie schon sehr früh damit begonnen, wohl Ende der 3., Anfang der 4. Dynastie, die Eingeweide aus dem Körper zu entfernen. Da aber der Körper im Jenseits komplett sein mußte, wickelte man die Organe in Leinen und schnürte sie zu einem Paket zusammen. Dieses legte man dann in eine Grube oder später in eine kastenartige Vertiefung im Grab.

Die Eingeweide von königlichen Familienmitgliedern wurden in besonderen Behältnissen verwahrt. Diese Eingeweidegefäße werden in der Ägyptologie *Kanopen* genannt. Der älteste und bereits sehr aufwendig gearbeitete Kanopenkasten stammt aus dem Grab der Königin Hetep-heres, der Mutter des Cheops (ca. 2550 v. Chr.). Zu ihrer Grabausstattung gehörte ein Alabasterblock, der im Innern in vier Abteilungen ausgehöhlt war. In jeder Abteilung lag ein flaches Leinenpaket mit Organresten.[17] Die Aufteilung der entnommenen Eingeweide auf vier Pakete hat sich über die ganze pharaonische Zeit gehalten.

Auch im Grab der Enkelin des Cheops, Königin Meresanch III., lagen Reste von Kanopengefäßen, diesmal aber in Form von Töpfen mit Deckeln.

Wie meistens in Ägypten wurden Besonderheiten des königlichen Bestattungswesens auch schnell von Privatleuten übernommen. Von der 5. Dynastie an finden wir in den großen Beamtengräbern von Gizeh und Saqqarah auch Eingeweidebehältnisse. Diese waren jedoch ganz schlichte Töpfe aus Ton, Kalkstein und nur ganz selten aus Alabaster.

Seltsamerweise hat man aber in den Kanopengefäßen der Beamtengräber bisher noch nie Reste von Eingeweiden gefunden. Vermutlich hat das Ritual des Beisetzens der für die Organe bestimmten Töpfe das tatsächliche Bestatten ersetzt.

Besondere Sorgfalt galt aber dem Körper selbst. Man umwickelte Rumpf, Kopf und Gliedmaßen mit Leinenstreifen und versuchte, ein möglichst lebendiges Aussehen zu erreichen. Ob man dafür den Körper teilweise auch einschnitt und Gewebe entfernte, ist zur Zeit noch ungeklärt; zu wenige Mumien des Alten Reiches sind genau untersucht worden, um diese Frage eindeutig zu beantworten. Die Wickel-Technik führte allerdings zu sehr unterschiedlichen Ergebnissen. Teilweise entstanden sehr plumpe Mumien, die wie Astronauten aussehen, mit einem etwas grob aufgemalten Gesicht. Eine solche Mumie befindet sich im Ägyptischen Museum Turin und stammt aus der 5./6. Dynastie.

Aus gleicher Zeit sind uns aber auch ganz andere, kunstvoll hergerichtete Mumien erhalten. Sie zeugen von der hohen Kunst der Ägypter, mit Leinenwicklungen einen Körper zu modellieren. Man war bemüht, alle Teile des Körpers, auch die Geschlechtsorgane, in Leinen nachzubilden.

Eine Leinenmumie dieser Art in besonders gutem Zustand fand man vor einigen Jahren bei Ausgrabungen am Unas-Aufweg in Saqqarah im Grab des Nefer.[18] In die Leinenumhüllung eingearbeitet sind bemalte Augenbrauen und ein Oberlippenbart aus einer ganz dünnen Stuckschicht. Auf den Kopf ist eine schwarze Perücke gemalt, und am Kinn ist ein gesondert gearbeiteter Bart angeheftet. In Leinen sind sowohl die Ohren als auch die Genitalien modelliert. Am Penis läßt sich sogar noch erkennen, daß die Männer damals beschnitten waren, was man nach der Darstellung einer Beschneidungsszene im Grab des Anchmahor bisher nur vermuten konnte.

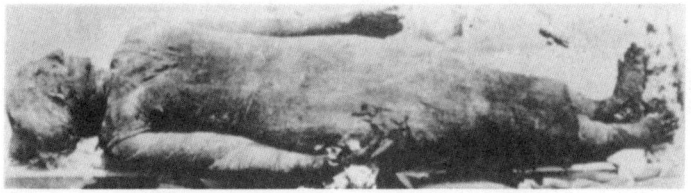

Weibliche Mumie aus dem Alten Reich

Auch die Kleidung wurde in Leinen nachgebildet, Männer trugen einen kurzen Schurz, Frauen lange, eng anliegende Kleider. Man bemühte sich mit allen Mitteln, die Körper so lebensgetreu wie nur irgend möglich herzurichten.

Ein besonderer Versuch der 6. Dynastie in dieser Richtung war die Herstellung von Gipsmumien, ein Verfahren, das allerdings nur kurze Zeit praktiziert wurde. Hierbei überzog man den in Leinen gewickelten Körper des Verstorbenen mit einer dünnen Gipsschicht, so daß er fast wie eine Mumienstatue aussah. Leider waren die gefundenen Gipsmumien in einem sehr schlechten Erhaltungszustand, die Gipsschicht war zerbrochen. Kürzlich gelang es aber der Restaurierungswerkstatt des Museum of Fine Arts, Boston, aus Bruchstücken zum ersten Mal einen Gipsbelag vollständig zu restaurieren. Dabei wurde deutlich, daß man den Kopf auf eine Kopfstütze im Sarg gelegt hatte und den Körper erst dann mit Gips überzog.

In vielen Fällen aber war nicht der ganze Körper mit Gips behandelt, sondern man beschränkte sich auf den Kopf und eine besonders feine Ausmodellierung des Gesichtes.

Aus allen diesen Beobachtungen an den Mumien des Alten Reiches wird deutlich, welche Mühe die Ägypter bereits zu dieser Zeit darauf verwandten, die Körper der Verstorbenen zu erhalten. Den Kampf gegen die Verwesung des Gewebes verloren sie zwar, denn an den Mumien läßt sich meist nur noch eine ganz dünne Schicht Gewebe nachweisen, die beim Auswickeln der Körper zu Staub zerfällt. Beeindruckend sind auf jeden Fall aber ihre Versuche, neue Methoden auszuprobieren, und ihre handwerklichen Fähigkeiten beim Modellieren in Leinen und Gips.

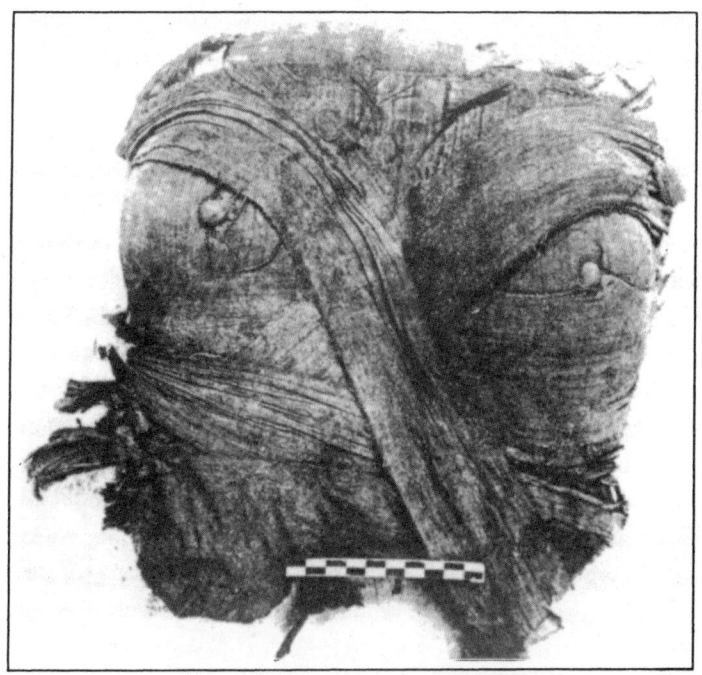

In Leinen modellierte Brust nach Abtragen des engen Kleides

Reste von Königsmumien aus dem Alten Reich

Von zwei Königsmumien des Alten Reiches sind möglicherweise Reste erhalten: von der Mumie des Djoser aus der 3. Dynastie und jener des Merenre aus der 6. Dynastie.
Djoser war der erste ägyptische König, der für sich eine Pyramide bauen ließ. Sein Architekt Imhotep errichtete für ihn die Stufenpyramide in Saqqarah mit ihrem Totentempel und zahlreichen Kapellen.
Unter der Pyramide liegt eine 3 m × 1,6 m × 1,6 m große Sarko-

phagkammer aus Granit, die von oben mit einem runden Granit-Stöpsel verschlossen wurde.

Die Mumie des Djoser kam sozusagen stückchenweise zum Vorschein. Als Heinrich von Minutoli und seine Mitarbeiter 1821 als erste Europäer die Innenräume der Djoserpyramide betraten, erblickten sie in einem Gang einen vergoldeten Schädel und vergoldete Fußsohlen, die sie für Überreste der Mumie des Djoser hielten:[19]

«Daß aber diese Pyramide einst im Innern mit großem Aufwand ausgeschmückt war, beweisen die zahllosen Fragmente zerbrochener Alabaster- und Marmorgefäße. Leider sollen gleich bei der ersten Eröffnung viele höchst merkwürdige Gegenstände entwandt und veräußert worden seyn; mir wurden bloß die Bruchstücke einer kostbaren Mumie zu Theil, ohne Zweifel die Reste des hier beigesetzten Fürsten. Sie bestanden in einem stark vergoldeten Schädel und zweien ebenfalls vergoldeten Fußsohlen, aber auch diese in ihrer Art einzigen Stücke wurden ein Raub der Wellen.»

Der Schädel und die Fußsohlen gingen also leider bei ihrer Verschiffung von Ägypten nach Hamburg durch Schiffbruch an der Elbemündung verloren.

In der Folgezeit besuchten mehrere Forscher die Granit-Sarkophagkammer der Djoser-Pyramide, ohne von Skelettresten darin zu berichten. Howard Vyse[20] betont sogar ausdrücklich, daß keine Überbleibsel einer Bestattung in der Kammer zu sehen seien:

«Nach allem sieht es nicht so aus, daß sie (die Kammer) als Grab gedient hätte, denn wäre ein Körper hineingelegt worden, hätte man bestimmt einige Reste gefunden; es wäre nicht möglich gewesen, ihn durch den jetzigen Eingang wegzubringen, ohne ihn in kleine Stücke zu zerbrechen.»

1926 untersuchte Battiscombe Gunn[21] die Sarkophagkammer

und fand dort den Teil einer menschlichen Wirbelsäule und ein Stück des Beckens. Er selbst stellte zwar die Überlegung an, ob es sich möglicherweise um einen Teil der Mumie des Djoser handeln könne. Cecil Firth, der damalige Leiter der Ausgrabungen im Djoserbezirk, war aber der Überzeugung, die Knochen stammten von einer der zahlreichen in den Galerien der Djoserpyramide bestatteten Mumien aus der saitischen Zeit und nicht aus dem Alten Reich. Deshalb veranlaßte er auch keine weiteren Untersuchungen des Knochenmaterials.

1934 betrat dann sein Nachfolger bei den Grabungen in Saqqarah, Jean-Philippe Lauer[21], als nächster die Sarkophagkammer und entdeckte im Staub, der den Boden bedeckte, fünf weitere Mumienteile, die er dem Mediziner Douglas Derry zur Untersuchung übergab. Sie gehörten mit großer Wahrscheinlichkeit zu dem gleichen Skelett, von dem Gunn die Wirbelkörper gefunden hatte. Lauer brachte ans Tageslicht: Teil eines Oberarmknochens mit Fragmenten des Schulterblattes und des Schlüsselbeines, Teile von 2 Rippen, den oberen Teil des Brustbeines und den linken Fuß. In vielen Bereichen dieses Skelettes waren noch die Haut, Knorpelteile und Bänder erhalten.

An der Identifizierung dieser Mumienteile als Reste der Mumie des Djoser sind jedoch auch Zweifel aufgekommen. Gegen diese Bestimmung spricht vor allem die Tatsache, daß die Besucher vor Gunn in der Sarkophagkammer keine Skelettreste bemerkt hatten, und die für die 3. Dynastie ungewöhnlich gute Erhaltung der Haut, von Knorpel und Bändern. Hinzu kommt die von Minutoli erwähnte Vergoldung des Schädels, wenn es sich um Reste des gleichen Individuums handeln soll. Die Vergoldung spricht mehr für eine Mumie der ptolemäischen Zeit, die man in den Gängen der Djoser-Pyramide bestattet hatte. Aber eine letzte Entscheidung in dieser Sache wird wohl erst eine erneute Untersuchung durch einen Anthropologen erbringen.

Die Identität der Mumie des Merenre hingegen scheint gesichert zu sein. Merenre war ein König beim Ausklang des Alten Reiches. Er regierte nur etwa sechs Jahre und ließ sich auch in Saqqarah eine kleine Pyramide erbauen. H. Brugsch berichtet über die Auffindung der Mumie:

«Neben dem Steinsarg lag auf dem Fußboden der Grabkammer die wohlerhaltene Mumie des Pharao Methesuphis, wie er in den Königslisten Manethos heißt, eine ziemlich genaue Umschrift seines echt ägyptischen Namens Mehtemsus. Nach ihrer äußeren Erscheinung und Körperbildung konnte die Leiche nur einer im Jünglingsalter gestorbenen Person angehört haben. Die sehr feinen Byssusbinden, mit welchen sie einst umwickelt war, hatten die arabischen Schatzgräber vom Leibe heruntergerissen, so daß die Fetzen des fast durchsichtigen und spinngewebeartigen Leinwandstoffes allenthalben zerstreut umherlagen.»[22]

Die von Brugsch beobachtete Altersangabe stimmt auch mit den historischen Daten des Merenre überein.

Um die Mumie des Merenre rankt sich nun noch eine aus heutiger Sicht recht makabre Geschichte. Der Leiter der Ägyptischen Altertümerverwaltung und Begründer des Ägyptischen Museums in Kairo, der Franzose Mariette, war ein Freund von H. Brugsch. Er hatte die beiden Brüder Brugsch nach Saqqarah zu den gerade geöffneten Pyramiden von Pepi I. und Merenre geschickt, damit sie ihm darüber Bericht erstatten sollten. Mariette war damals schon schwer krank. Nun hielten es die Brüder Brugsch für eine gute Idee, den kranken Mariette mit dem Anblick der Mumie des Merenre zu erfreuen. Sie nahmen sie im Zug mit nach Kairo, doch unterwegs brach ihnen die Mumie in der Mitte durch. Jeder packte sich nun eine Hälfte unter den Arm, und so kamen sie zu Mariette ...

Was mit der Mumie des Merenre weiter geschah, ist nicht bekannt. In der ägyptischen Sammlung des Berliner Museums tauchten dann Rippen und Wirbelkörper auf mit dem Vermerk: «Inventar-Nr. 8059, Rückenwirbel und Teile der Rippen des Königs Mer-en-re, 1881 durch Brugsch.» Diese Skeletteile sind dann allerdings während der Auslagerung im Zweiten Weltkrieg verlorengegangen.

375 m² Leinen für eine Mumie

Im Alten Reich legte man großen Wert darauf, die Gliedmaßen der Mumie alle einzeln zu wickeln und ihr dadurch ein «handlungsfähiges» Aussehen zu geben. Dies änderte sich jetzt im Mittleren Reich. Nun werden so viele Leinentücher an und um die Mumie gelegt und diese dann wieder mit schmalen Bindenstreifen umwickelt, daß sie wie ein unförmiger Kokon aussah. Bei der Freilegung von Gräbern des Mittleren Reiches zeigte sich, daß die Leinenwicklungen der Mumien oftmals in einem recht guten Erhaltungszustand waren; jetzt konnte man die Mumien ausrollen und dabei die Wicklung genau studieren. In Abusir hatte die Deutsche Orientgesellschaft mehrere Gräber des Mittleren Reiches entdeckt und einige Mumien gleich an Ort und Stelle untersucht. Schäfer[23] fertigte dabei eine so gute Zeichnung der Wickeltechnik an, daß sich eine Beschreibung erübrigt (s. S. 39).
In New York wurde die Mumie des Oberhofmeisters Wah ausgewickelt. Die Leinentücher seiner Wicklung ließen sich sogar noch vermessen, und es kam dabei heraus, daß die Balsamierer 375 m² Leinenstoff um seine Mumie herum gebunden hatten.[24] Mit in das Leinen eingewickelt sind jetzt im Mittleren Reich oft auch kostbare Schmuckstücke und Fayenceperlen-Halskragen, Ketten aus Halbedelsteinen und Skarabäen.

Es läßt sich auch beobachten, daß einzelne Schichten der Leinenwicklung dick mit harzigen Salbölen bestrichen sind, eine Prozedur, die wohl mehr aus religiösen Gründen erfolgte, als daß sie der Konservierung der Mumie diente.

Auch bei höhergestellten Personen ging die Umhüllung der Mumie mit Leinen nicht immer sehr pietätvoll vonstatten. So hatte sich beim Einwickeln der Mumie des bereits erwähnten Waḥ eine Maus zu nahe herangeschlichen. Einer der Balsamierer erschlug sie zwar, doch aus Versehen wurde sie mit eingewickelt. Außerdem klebte eine kleine Eidechse an der mit Salböl beschmierten, halb fertigen Mumie fest, und auch sie kam mit in die Leinenumhüllung.

Die künstlerischen Bemühungen für das Herrichten einer Mumie konzentrierten sich jetzt auf die *Mumienmaske*. Sie bestand aus stuckiertem Leinen und bedeckte auch den oberen Teil der Brust und des Rückens. Auf der Vorderseite war sie meist mit einem bunten Halskragen, der Fayenceperlen nachahmt, bemalt.

Neben Mumienmasken gibt es im Mittleren Reich auch schon mumienförmige Holzsärge. Sie stellen praktisch die in Leinen gewickelte Mumie mit Maske dar und lagen dann mit der Mumie in einem kastenförmigen zweiten Sarg.

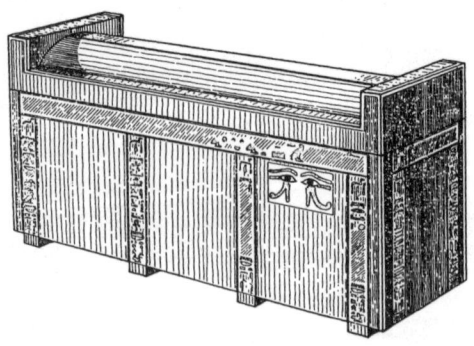

Sarg mit aufgemalten Augen am Kopfende, Mittleres Reich

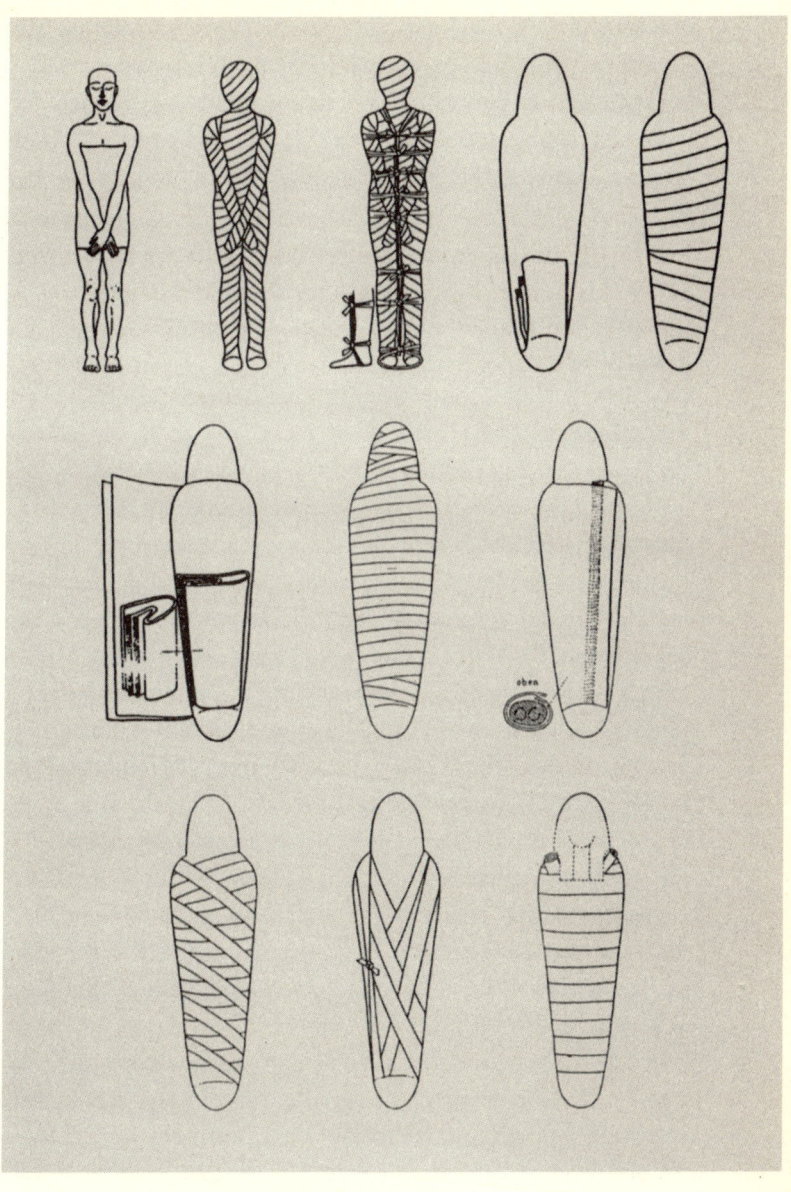

Wicklung der Mumie der Nechet, Mittleres Reich. 39

Die sehr groß gemalten Augen vermitteln den Eindruck, der Verstorbene blicke direkt aus der Mumienmaske heraus. Doch er schaut keinen Betrachter an, sondern soll durch die am Kopfende des Sarges aufgemalten Augen hinaussehen können. Aus diesem Grund liegt die Mumie auch schräg auf der Seite im Sarg.

Neue Versuche gegen die Verwesung; das Gehirn wird entfernt

Nach dem Tode beginnt der Verwesungsprozeß im menschlichen Körper etwa gleichzeitig am Gehirn und in den Eingeweiden. Das Gehirn zersetzt sich und fließt aus dem Hinterhauptsloch an der Basis des Schädels heraus. Im Schädel verbleibt nur eine dunkelbraune, schwammige Substanz, die aus den Resten der Blutgefäße und der Hirnhaut besteht.[15]
Diesen Verwesungsprozeß haben die Ägypter sicherlich schon sehr früh beobachtet; man war aber bisher der Meinung, sie hätten bis zur Mitte der 18. Dynastie nichts dagegen unternommen. Unterstützt wurde diese Ansicht dadurch, daß sich auch bei einigen Pharaonen vom Anfang der 18. Dynastie, Thutmosis I., II. und III., noch Reste des Gehirnes im Schädel befinden und auch keine Knochenschädigungen im nasalen Bereich vorliegen.
Neuste Untersuchungen von Eugen Strouhal[25] und Sue D'Auria/Myron Marx[26] zeigten aber, daß diese Vorstellungen falsch waren und die Balsamierer bereits im Mittleren Reich experimentierten, wie sie den Verwesungsherd Gehirn beseitigen konnten.
Südlich von Kairo liegt in Lischt der Pyramidenbezirk von Amenemhet II. Dort grub die Expedition des Metropolitan Museums, New York, 1906–1908 auf dem Beamtenfriedhof. Mehr als 400 Schädel waren verpackt und ins Smithsonian Institut

nach Washington geschickt worden. Dort konnte Strouhal vor einigen Jahren die Schädel untersuchen. An zwei Schädeln war eindeutig eine Excerebration festzustellen: die Balsamierer hatten das Gehirn durch die Nase entfernt und dabei erheblichen Knochenschaden im nasalen Bereich verursacht. Interessanterweise ließ sich aus den Grabungsunterlagen rekonstruieren, daß die Schädel aus besonders reich ausgestatteten Gräbern stammten. Man hatte also nicht an Mumien armer, unbedeutender Leute solche Experimente ausgeführt, sondern an denen der höheren sozialen Schichten, um ihnen eine möglichst optimale Mumifizierung zu geben.

Das wird auch deutlich an den Bestattungen der Königinnen von Amenemhet III. in seiner Pyramide in Dahschur. Diese Gräber entdeckte Dieter Arnold vor einigen Jahren im Rahmen der Grabungen des Deutschen Archäologischen Institutes Kairo. Die Königinnen waren jeweils in einem großen Granitsarkophag, in dem ein Holzsarg stand, bestattet. Sie waren aber alle schon Grabräubern zum Opfer gefallen. Diese interessierten sich aber weniger für die Skelette, und es fanden sich die Schädel und Skelettreste teilweise auf dem Fußboden der Sarkophagkammer oder sogar noch im Sarkophag selbst.

Sowohl am Schädel der Königin Aat als auch an dem einer namenlosen Königin konnte Strouhal nachweisen, daß die Balsamierer das Gehirn bereits entfernt hatten. Dabei verursachten sie wieder im Nasenbereich einen recht großen Knochenschaden. Bei der Königin Aat hatte man noch an einer zweiten Stelle den Schädel geöffnet und zwar neben dem Hinterhauptsloch, um von dort aus in den geleerten Schädel Leinenstoff einzuführen.

Ganz ähnliche Beobachtungen wie Strouhal machten auch D'Auria/Marx, als sie die Mumie des Djehuty-Nacht aus der 11. Dynastie in Boston im Computertomographen untersuchten. Hier hatte man ein Loch durch die Oberkieferhöhle gebohrt und auf diesem Wege das Gehirn entfernt. Bei dieser Prozedur beschädigten die Balsamierer außerdem noch die äußere Augenhöhle.

Auch den Schädel des Nechet-Anch, der im Rahmen des Manchester-Mumien-Projektes erneut untersucht wurde, hatte man bei der Mumifizierung wohl schon geöffnet, um das Gehirn zu entfernen.

In ihrem Bemühen, die Verwesung der Körper zu stoppen, beseitigten die Balsamierer im Mittleren Reich also nicht nur die Eingeweide. Sie experimentierten auch schon am Kopf und begannen, wenn auch noch recht plump, das Gehirn aus dem Schädel zu entfernen.

Der Aufwand für die Verpackung der Eingeweide wächst

Waren im Alten Reich bei Privatleuten für die Eingeweide wohl mehr oder weniger symbolisch vier Krüge vorgesehen, wird die Versorgung der Organe jetzt im Mittleren Reich aufwendiger. In vielen Fällen wickelten die Balsamierer Leber, Magen, Lunge und Gedärm in Leinen ein, steckten die Pakete in die Kanopengefäße, übergossen das Ganze mit einem harzigen Salböl und gaben die so gefüllten Krüge mit ins Grab. Der Körper war wieder komplett.

Wenn dies auch meist so gehandhabt wurde, scheint es noch nicht entscheidend gewesen zu sein, tatsächlich alle Eingeweide ordnungsgemäß mitzugeben. So hatte man bei einer anderen Bestattung, der eines Mannes mit Namen Nechet-Anch, auch nur zwei der vier Kanopenkrüge gefüllt, zwei blieben leer.[27] Auch weiterhin war wohl das Ritual des Beisetzens der vier Krüge wichtiger als die Realität.

Kanopenkrüge und Kanopenkasten des Nechet-Anch

Die vier Kanopenkrüge standen nun oftmals in einem quadratischen Kasten, der ähnlich wie ein Sarg gearbeitet und bemalt
war. Da dieser und auch die Kanopengefäße jetzt längere Inschriften tragen, ist es möglich, die Gottheiten zu identifizieren,
die für den speziellen Schutz der Eingeweide zuständig sind.
Dies war vor allem die Aufgabe der vier Horussöhne: Amset für
den Magen, Hapi für das Gedärm, Duamutef für die Lunge und
Kebechsenuef für die Leber. Unterstützt werden die vier Horussöhne durch die Schutzgöttinnen Isis, Nephthys, Selkis und
Neith.

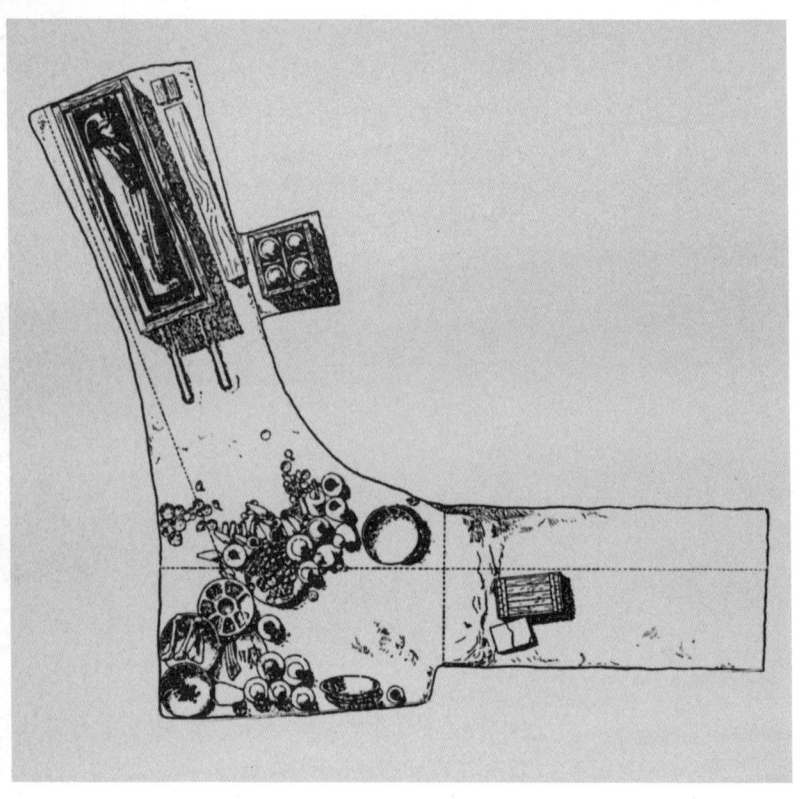

Bestattung der Senebtisi

Die Stöpsel der Eingeweidekrüge werden jetzt oftmals in der Form eines Menschenkopfes gearbeitet. Aber neben diesen sehr konventionellen Kanopenkrügen finden wir gerade im Mittleren Reich auch einen anders gestalteten Typus. So befand sich im Grab des Djehuty-Nacht ein aus Kartonage geformtes Gefäß in Form eines menschlichen Körpers mit extra gearbeiteten Beinen und aufgemalten Armen. Auf dem Gefäß saß ursprünglich

sicher ein menschenköpfiger Stöpsel. Die Inschrift «Kebechsenuef, Schutzgott der Leber» und Reste des ursprünglichen Inhal-
tes identifizieren dieses Gefäß eindeutig als Eingeweidebehält-
nis.

Zu einer «Bestattung für gehobene Ansprüche» gehörte im Mittleren Reich außer einem Holzsarg, in dem die Mumie mit Karto-
nage-Maske oder mumienförmigem Holzsarg lag, ein Kanopenkasten mit vier Kanopenkrügen.

Behandlung der Körper im mittleren Reich

Leider ist der Erhaltungszustand vieler Mumien aus dem
Mittleren Reich sehr schlecht, das Muskelgewebe und die Haut
sind zerfallen, so daß eine genaue Untersuchung des Balsamie-
rungsvorganges nicht möglich ist. Deshalb läßt sich die Behandlung der Körper zu dieser Zeit nur an einigen besser konservier-
ten und deshalb auch genauer beschriebenen Beispielen verdeutlichen.

An den vereinzelten Versuchen, das Gehirn aus dem Schädel zu
entfernen, und der unterschiedlichen Verpackung der Eingeweide sieht man deutlich, daß bei der Mumifizierung im Mittleren Reich sehr viel experimentiert wurde. Dies ist auch bei der
Behandlung der Körper deutlich zu erkennen.

So hatten die Balsamierer bei der Mumie des Waḥ alle Eingeweide oberhalb des Bauchfelles unangetastet gelassen, die darunter liegenden durch einen Einschnitt in der Bauchwand entfernt.

Der Senebtisi[28] waren alle inneren Organe durch einen 21 cm
langen Schnitt in der Bauchdecke entnommen worden, dann
hatte man den Brustraum vollständig mit ganz feiner Sägespäne
und die Bauchhöhle mit Leinen wieder ausgefüllt. Bei dieser

45

Prozedur hatten die Balsamierer auch das Herz aus dem Körper entfernt, doch dieses wickelten sie sorgfältig in Leinen und legten es dann wieder in den Brustraum zurück.

Neben der Technik, die Eingeweide durch einen Bauchschnitt zu entfernen, wurde anscheinend noch eine zweite Technik praktiziert. Einige Frauen der königlichen Familie des Menthuhotep II., 11. Dynastie, hatten ihre Bestattungen im Grabkomplex des Königs in Deir el Bahari gefunden. Der amerikanische Ägyptologe Herbert E. Winlock legte 1923 ihre Gräber frei, und die Mumien konnten untersucht werden. Auffallend war, daß man an der Bauchdecke dieser Frauenmumien keine Verletzungen feststellen konnte, hingegen teilweise Schädigungen im Vaginal- und Analbereich. Nach ihrem Tode waren ihnen anscheinend auf diesem Wege Substanzen eingespritzt worden, die eine Auflösung der inneren Organe zur Folge hatte.[29] Diese Technik der Körperbehandlung wird noch von Herodot[30] beschrieben, sie muß sich also über anderthalb Jahrtausende bis ins 5. Jh. v. Chr. erhalten haben.

Im Bereich des Totentempels von Menthuhotep in Dei el Bahari lagen noch weitere Frauengräber, an deren Mumien zum ersten Mal eine besondere Verschönerungstechnik der Haut beobachtet werden konnte, die Tätowierung.

Die Damen lassen sich tätowieren

Von vorgeschichtlicher Zeit an gibt es kleine, weibliche Figuren aus Ton oder Elfenbein mit Mustern auf dem Körper. Es war immer unklar, ob es sich dabei um Bemalungen der Haut oder Tätowierungen handelte; man dachte eigentlich mehr an das erstere.

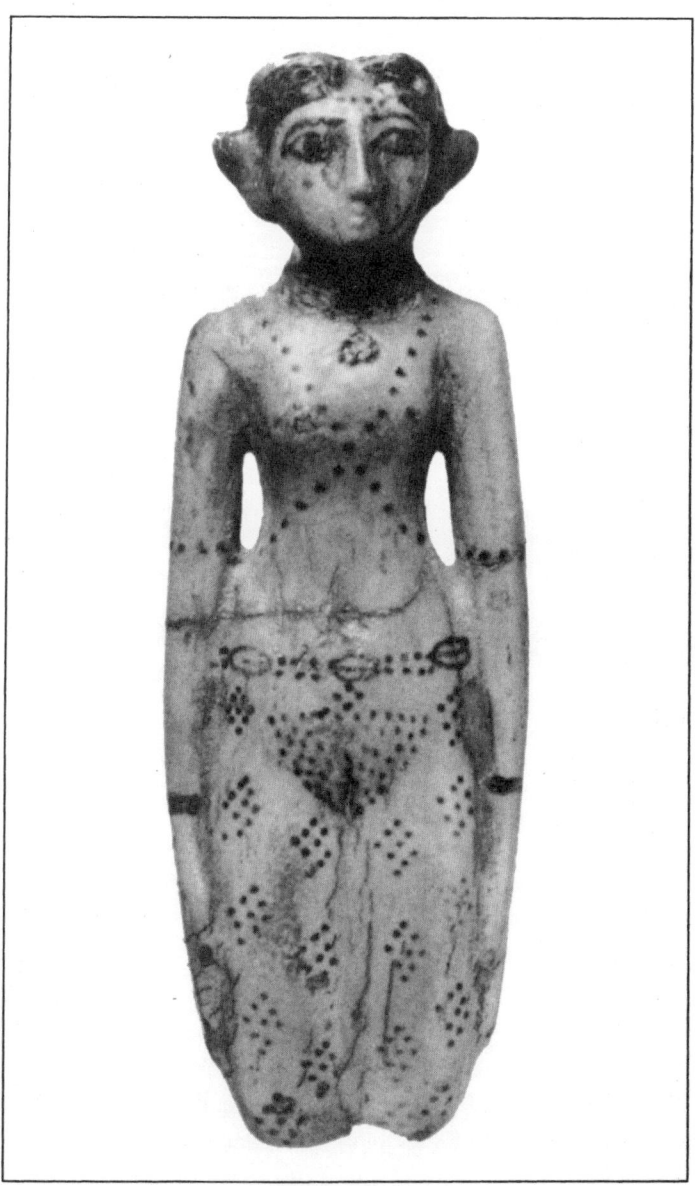

Frauenfigur der 11./12. Dynastie mit Tätowierungen 47

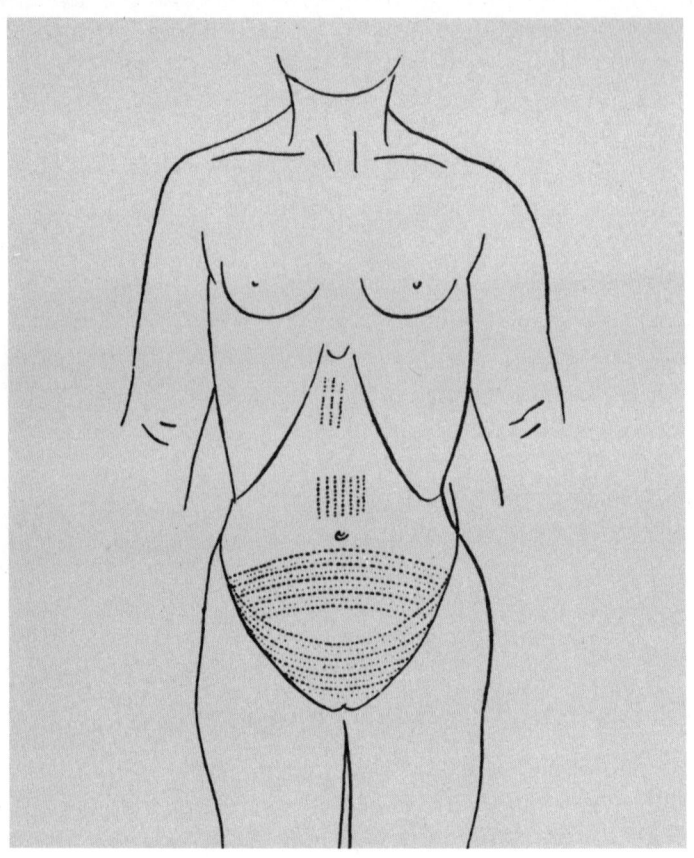

Mumie der Amunet mit Tätowierungen, 11. Dynastie

So war es dann eine große Überraschung, als Mumien des Mittleren Reiches gefunden wurden, an deren Haut sich eindeutig Tätowierungen erkennen ließen.
Bereits 1891 wurde das Grab einer Priesterin der Hathor mit Namen Amunet im äußeren Hof des Menthuhotep-Tempels in Deir el Bahari entdeckt. Die Mumie trug aufwendigen Schmuck,

große Fayencehalskragen sowie Armbänder und Ringe. Aber auch ihre Haut war verziert mit Tätowierungen auf Ober- und Unterbauch sowie Schultern und Armen.

1923 kamen dann bei Grabungen des Metropolitan Museums New York unter der Leitung von Winlock nicht weit vom Grab der Amunet entfernt zwei weitere tätowierte Frauenmumien zu Tage.

Winlock vermutete, daß diese beiden Frauen Tänzerinnen am Hof des Königs Menthuhotep gewesen wären. An ihren Mumien war noch zu erkennen, daß sie an Armen, Beinen, Füßen und auf der Brust mit pünktchenförmigen Tätowierungen versehen waren. Zusätzlich hatten sie auf dem Bauch auch Schmucknarben.[31].

Diese Funde schließen nun die Körperbemalung nicht aus, aber die Ägypter kannten ebenfalls die Tätowierung. Nach den sehr spärlichen Funden von tätowierten Mumien, bisher nur drei aus dem Mittleren Reich, scheinen sie sich dieser Prozedur allerdings nur sehr selten unterzogen zu haben.

Die Mumien des Mittleren Reiches gaben uns nun schon deutlich Auskunft über neue Mumifizierungsverfahren und Versuche, auch das Körpergewebe zu erhalten. Dies gelang in den meisten Fällen noch nicht vollständig. Die Technik der perfekten Balsamierung beherrschten die Ägypter erst im Neuen Reich, in der 18. Dynastie. Die berühmteste Mumie dieser Zeit ist sicherlich die des Pharaos Tutanchamun. Sie ist bisher schon mehrfach untersucht worden und bietet uns die einmalige Chance, die Originalbestattung eines Königs der 18. Dynastie zu erforschen.

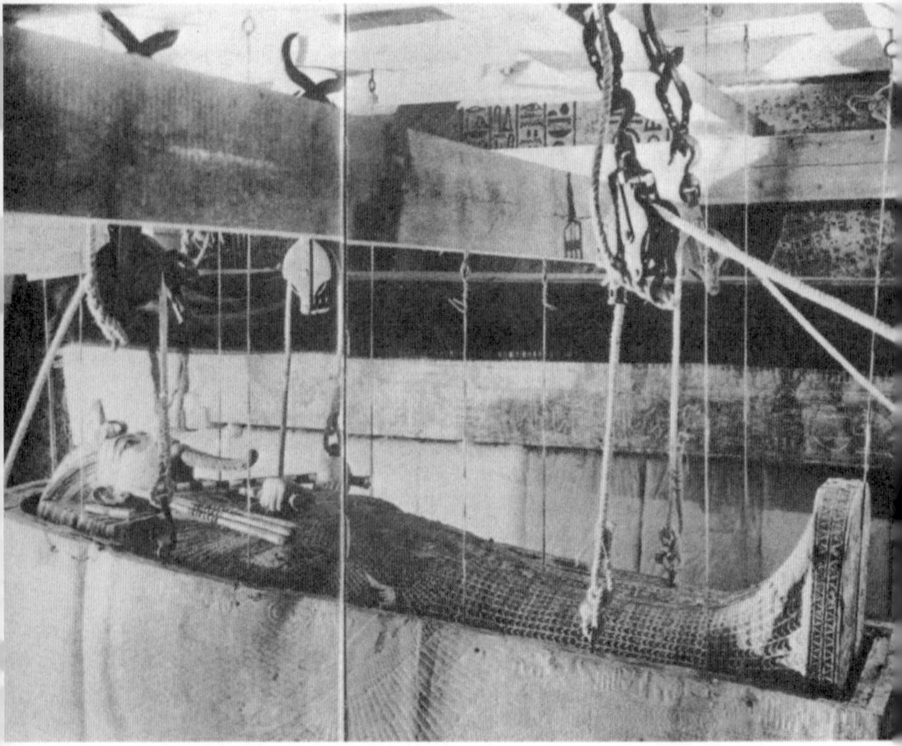

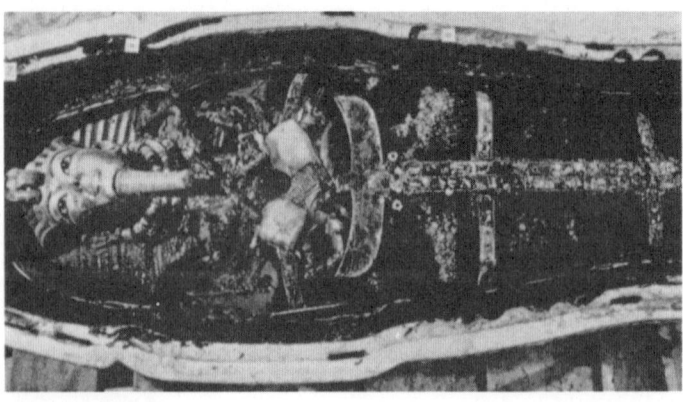

Oben: mittlerer Sarg (im Unterteil des äußeren Sarges) nach dem Herausheben aus dem Steinsarkophag. Unten: Mumie des Tutanchamun mit der Goldmaske; sie liegt im Unterteil des innersten und mittleren Sarges

Der goldene Pharao – Tutanchamun

Nachdem Carter 1922 das Grab des Tutanchamun entdeckt und mit dem Ausräumen der Grabausstattung begonnen
hatte, dauerte es noch bis Oktober 1925, bis er auch die drei in-
einandergeschachtelten Särge öffnen konnte. Um den Steinsarkophag mit den drei Särgen standen noch drei Holzschreine, die
zuerst entfernt werden mußten. Da aber die Tür des mittleren
Schreines mit einer unversehrten Versiegelung verschlossen
war, konnte Carter sicher sein, daß er eines Tages in das Antlitz
der Mumie des Tutanchamun würde blicken können. Doch bis
dahin lag noch viel mühevolle Arbeit vor ihm.

Carter stand vor der technisch schwierigen Aufgabe, den 110 kg
schweren Goldsarg zusammen mit dem mittleren Sarg im
Unterteil des äußersten Sarges aus dem Steinsarkophag heraus-
zuheben. Erst dann konnte er den Deckel des mittleren Sarges
öffnen. Jetzt wurde deutlich, daß man bei der Beisetzung große
Mengen Salböle (Carter spricht von etwa zwei Eimern voll) über
den innersten, den Goldsarg gegossen hatte. Dadurch war er fest
mit dem Bodenteil des mittleren Sarges verklebt.

Aber der Deckel des Goldsarges ließ sich abheben, und Carter
sah zum erstenmal die Mumie des Pharao vor sich, nach dem er
jahrelang gesucht hatte.

Er beschreibt seine Gefühle so:[32]

«In solchen Augenblicken versagt die Sprache, tausend Gefühle
bestürmen den ehrfürchtigen Forscher und Menschen. Der Ar-
chäologe aber hat sein Gefühl zu unterdrücken und nur zu for-
schen.»

Heute wäre die Frage, ob die Mumie des Tutanchamun ausgewickelt werden sollte, sicherlich eingehend diskutiert und vermutlich abschlägig beantwortet worden. Aber damals begrün-
dete Douglas E. Derry, der die anatomische Untersuchung der
Mumie des Tutanchamun durchführte, sein Vorgehen so:[33]

«Hier ist vielleicht eine Rechtfertigung gegenüber dem Vorwurf am Platz, daß wir Tut-ench-Amun enthüllt und untersucht haben. Viele nennen unseren Eingriff eine Entweihung und meinen, wir hätten den König ruhen lassen sollen. Aber da das Grab nun einmal gefunden war und Grabräubereien zu allen Zeiten vorgekommen sind, hätte die Erwartung ungeheurer Reichtümer in dem Königsgrab den Räubern keine Ruhe gelassen. Der Gedanke, daß nur einige Fuß unter der Erde ein ungeheurer Schatz verborgen liegt, wäre zu verlockend gewesen. Selbst das Aufstellen einer starken Wache hätte Raubversuche nur zeitweise verhindert. Jedes Nachlassen der Wachsamkeit hätte die Diebe auf den Plan gebracht. Jetzt sind die Gegenstände im Antikenmuseum geborgen, statt von Dieben und Händlern in alle Erdteile verstreut zu werden. Für den Wissenschaftler ist die vollständige Sammlung von unschätzbarem Wert. Aber auch dem Publikum bietet die Aufstellung der alten Kunstwerke in einem Museum Gelegenheit zu Belehrung und künstlerischem Genuß. Hätten wir die Mumie nicht ausgewikkelt – die Diebe in ihrer Gier nach Kostbarkeiten wären weniger sorgfältig mit ihr umgegangen, und die Wissenschaft wäre um die genaue anatomische Untersuchung gebracht worden.»

Sicherlich war die Furcht vor Grabraub teilweise berechtigt. Hatte doch gerade Carter schlechte Erfahrungen mit der Mumie von Amenophis II. gemacht, die man nach ihrer Auffindung 1898 in ihrem Grab belassen hatte. Trotz Bewachung waren im November 1901 Räuber in das Grab eingebrochen und hatten die Mumie, wohl bei der Suche nach Schmuckstücken, beschädigt. Es ist aber auch menschlich verständlich, daß Carter, nach so vielen Jahren der Suche nach dem Grab des Tutanchamun und dann der Arbeit in seinem Grab, endlich auch in das Antlitz des Königs sehen wollte.

Und so wurde die Mumie am 1. 11. 1925 aus dem Grab heraus-

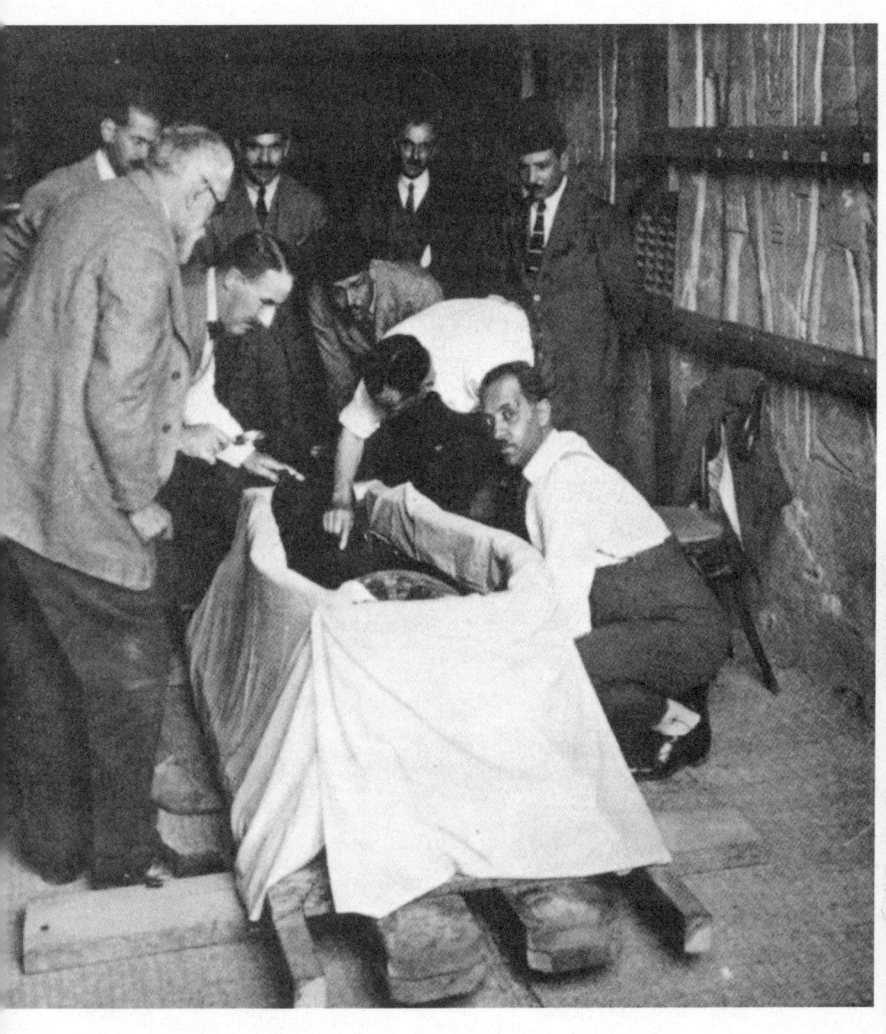

*Untersuchung der Mumie des Tutanchamun, im Vordergrund von links nach rechts Lucas,
Carter, Derry und Bey Hamdi*

getragen und erblickte nach fast 3½ Jahrtausenden wieder das Sonnenlicht. Man ließ sie vor dem Grab einige Stunden von der Sonne bestrahlen in der Hoffnung, die Wärme würde die verkrustete Salbölmasse, die man auch über die Mumie gegossen hatte, auflösen. Das war aber leider nicht der Fall, man konnte die Mumie nicht aus dem Sarg herausheben. Etwas enttäuscht war Carter schon, aber er brachte die Mumie dann in den zwei Sargunterteilen in das Grab Sethos' II., das man als Laboratorium und provisorisches Magazin eingerichtet hatte.

Am 11. 11. um 9.45 Uhr war es dann endlich so weit: die Untersuchung der Mumie begann. Als Gäste waren Vertreter der Regierung, der Direktor der Antikenverwaltung sowie der Chemiker bei der Altertümerverwaltung, A. Lucas, anwesend. Die Arbeiten an der Mumie wurde von den beiden Medizinern Dr. Douglas Derry und D. Saleh Bey Hamdi durchgeführt.
Da man bei der Grablegung reichlich Salböl auf die Brust- und Beckenregion der Mumie gegossen hatte, war ein Auswickeln nicht möglich. Dieses Salböl hatte die Leinenbinden durch chemische Reaktion verkohlt, und sie waren ganz brüchig geworden. So mußte man Paraffin auf das Leinen pinseln und dieses dann schichtweise abtragen. Zu Tage kamen in den verschiedenen Bindenlagen insgesamt 143 Objekte: Schmuckstücke, Amulette, zwei Dolche und Gürtel. Finger wie Zehen steckten in goldenen Hülsen, die Füße dann noch in goldenen Sandalen.
Auch jetzt war es noch nicht möglich, die Mumie aus dem Sarg zu heben; das Salböl mußte unter dem Körper weggemeißelt werden. Dabei zerbrach die Mumie in viele Teile, wie es dann bei einer zweiten Untersuchung durch Prof. Harrison und sein Team 1968 offensichtlich wurde.[34] Kopf und Gliedmaßen sind jetzt vom Torso getrennt und auch die Gliedmaßen jeweils noch mehrfach zerbrochen. Am Torso hatte man das Brustbein und

den vorderen Teil der Rippen abgebrochen, um in den Brustraum blicken zu können.

Heute müssen wir sagen, daß von den technischen Möglichkeiten her die Untersuchung der Mumie des Tutanchamun mindestens sechzig Jahre zu früh erfolgt ist. Doch so werden sicherlich folgende Generationen auch über die Mumienuntersuchungen der letzten Jahre urteilen, die uns so viele neue Erkenntnisse über das Leben der alten Ägypter erbracht haben.

Die Untersuchung der Mumie des Tutanchamun sollte für Carter vor allem zu vier Fragen Antwort geben:

1. Todesursache
2. Sterbealter
3. Verwandtschaftsbeziehung
4. Mumifizierungstechnik

Zu den ersten drei Punkten müssen wir heute offen eingestehen, daß sie weiterhin ungelöst sind und man deshalb mehr spekuliert als tatsächlich weiß.

1. Carter vermerkte nach der Untersuchung, es hätten sich keine Hinweise auf einen gewaltsamen Tod Tutanchamuns ergeben.[35] Auch Derry ist in seinem sehr genauen Bericht dieser Meinung. Grund zu «Mordspekulationen» bot allerdings seine exakte Beschreibung des Gesichtes:[36]

«Die Gesichtshaut ist grau, sehr spröde und aufgesprungen, die linke Wange zeigt neben dem Ohrlappen eine runde Vertiefung, die mit einer schorfartigen Haut überzogen ist (im englischen Originaltext heißt es allerdings: ... the skin filling it resembling a scab, sie *ähnelte* also nur Schorf). Rund um den etwas erhöhten Rand der Vertiefung ist die Haut farblos. Was es mit dieser Verletzung auf sich hat, ist leider nicht festzustellen.»

1968 konnte Harrison dann mit einem tragbaren Röntgengerät Aufnahmen vom Kopf des Tutanchamun machen. Jetzt war aber nicht mehr die Verletzung an der linken Wange auffällig, sondern ein sich im Schädel befindender Knochensplitter. Am Schädel selbst ließen sich aber ansonsten keine Schädigungen erkennen.

Harrison spekulierte in seinem 1972 erschienenen Untersuchungsbefund etwas darüber, wie dieser Knochensplitter in den Schädelraum gelangt sein könnte.[34] Die einfachste Erklärung, die er auch erwähnt, ist natürlich, daß beim Durchstoßen der Siebbeinplatte, um das Gehirn durch die Nase zu entfernen, ein kleines Knochenstück abgesprungen ist und im Schädel verblieb. Zu einer eindeutigen Aussage in dieser Richtung wollte sich Harrison allerdings nicht festlegen und schreibt weiter dazu:

«Jedoch bei einer genaueren Untersuchung, nachdem weitere Röntgenbilder entwickelt waren und für die Untersuchung zur Verfügung standen, wurden mehrere Gründe gegen diese Theorie deutlich, und eine andere Erklärung schlug sich selbst vor. Diese zusätzliche Analyse wird in einer späteren Publikation diskutiert werden.»

Ganz ähnlich äußerte sich Harrison auch in einer Presseinformation zum 50. Jahrestag der Entdeckung des Grabes von Tutanchamun im Jahre 1972.[37]

Noch 1983 hieß es, daß an der Interpretation der Röntgenbilder gearbeitet würde, dann hörte man nichts mehr davon, und Prof. Harrison verstarb.

Es ist wohl deshalb davon auszugehen, daß an den Röntgenbildern doch keine wirklich beweisbaren Indizien für eine gewaltsame Todesursache des Tutanchamun vorgelegen haben, denn sonst wäre diese Sensation so schnell wie möglich publiziert worden.

2. Die zweite wichtige Frage, die durch die Untersuchung der Mumie geklärt werden sollte, war die nach dem Sterbealter. Das

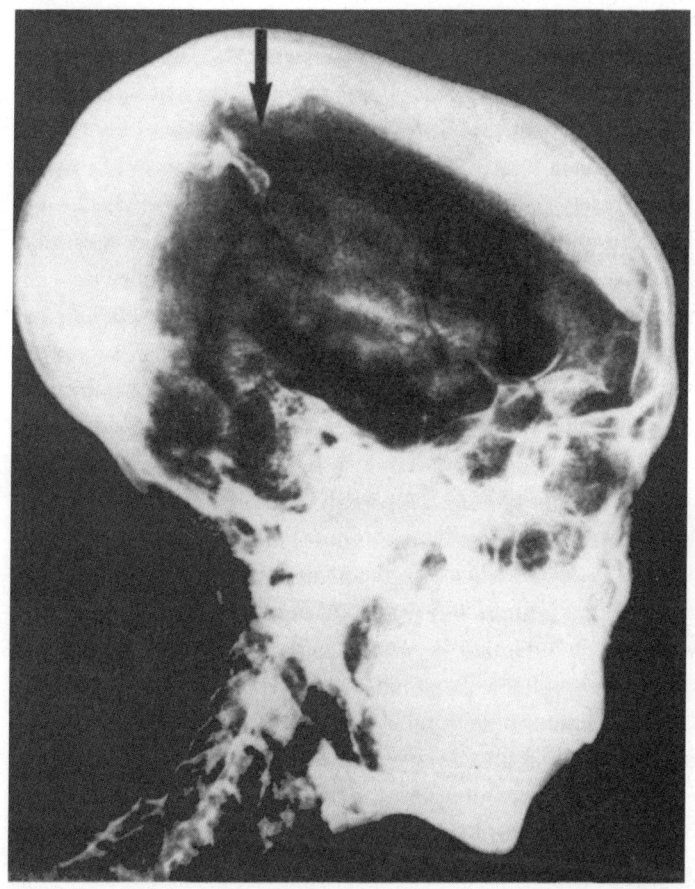

Röntgenaufnahme vom Schädel des Tutanchamun, der Pfeil zeigt auf den Knochensplitter

Alter des Tutanchamun ist verständlicherweise für alle Ägyptologen von Bedeutung, die sich mit der Chronologie der 18. Dynastie befassen.

Derry[38] kam nach seiner Untersuchung zu dem Ergebnis, Tutanchamun sei etwa im Alter von 18 Jahren gestorben. Dabei stützte

57

er sich vor allem auf den Verknöcherungsgrad der Epiphysen. Dieser Alterbestimmung schloß sich auch Harrison an.[34] Leek[39], der ein größeres Gewicht auf den Entwicklungszustand des Gebisses legte, machte Tutanchamun etwas jünger (ca. 16–17 Jahre). Harris[40], der von 1965 an alle Königsmumien untersuchte, setzte das Sterbealter von Tutanchamun wieder herauf, er wollte sogar 25 Jahre nicht ausschließen, was aber nach dem Zustand der Epiphysen recht unwahrscheinlich ist.

Es entsteht der Eindruck, die Aussagen des anatomischen Befundes würden jeweils in die Richtung betont, die den chronologischen Vorstellungen des jeweiligen Ägyptologen angepaßt sind. Wie die Untersuchung der anderen Königsmumien gezeigt hat[41], ist die Feststellung des Sterbealters an altägyptischen Mumien ein zur Zeit noch ungelöstes Problem (s. S. 160) Im Falle des Tutanchamun wird es aber im Bereich um 18 Jahre gelegen sein.

3. Die dritte wichtige Frage an die Naturwissenschaftler, die sich mit der Mumie des Tutanchamun beschäftigt haben, war: lassen sich eindeutige Verwandtschaftsbeziehungen zu Mumien anderer königlicher Personen vom Ende der 18. Dynastie belegen? Bis heute ist noch nicht mit Sicherheit geklärt, wer die Eltern Tutanchamuns gewesen sind und in welcher verwandtschaftlichen Beziehung er zu der im Tal der Könige im Grab Nr. 55 gefundenen Mumie stand. Um die Identität der Mumie aus Grab 55, deren Bestattung wohl mit dem Regierungsantritt Tutanchamuns zusammenfällt, ist heute erneut eine Diskussion entbrannt. In Frage kommen Echnaton oder Semenchkare.

Die Schädelmessungen am Skelett der Mumie aus Grab 55 und an der Mumie Tutanchamuns ergaben eine auffallende Übereinstimmung[42], so daß eine nahe Verwandtschaft sehr wahrscheinlich ist. Die zur Zeit unter den Ägyptologen verbreiteteste Stammbaumrekonstruktion des Tutanchamun sieht folgendermaßen aus:

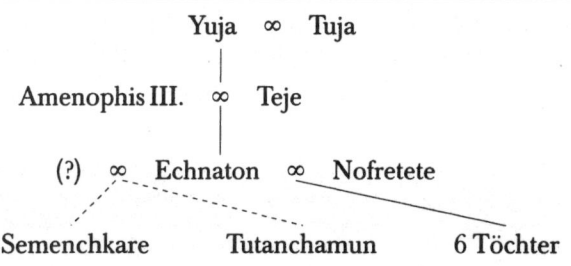

Von diesen Vorfahren sind uns nur die Mumien von Yuja und Tuja und Amenophis III. erhalten. Die Identifizierung der als «Elder Lady» in die Literatur eingegangenen Mumie als Teje aufgrund von Haarstrukturvergleichen muß wegen fehlender Vergleichsuntersuchungen heute noch als ungesichert angesehen werden[43].

Nun hatte man Ende der sechziger Jahre begonnen, das Gewebe dieser Mumien, der Mumie aus Grab 55 und der des Tutanchamun auf ihre Blutgruppe hin zu untersuchen. Die genealogische Aussage dieser serologischen Arbeiten ist jedoch sehr gering. Die Mumien von Yuja, Tuja, Amenophis III., des Individuums aus Grab 55 und Tutanchamuns haben alle die Blutgruppe A, nur die «Elder Lady» hat 0. Sie können theoretisch alle irgendwie miteinander verwandt sein.

Neben den Antigenen AB0 wurde das Gewebe auch auf die Antigene MN hin getestet – ein Verfahren, von dem nicht sicher ist, ob es überhaupt auf Mumiengewebe anwendbar ist.[44] Selbst unter der Voraussetzung, die gewonnenen Ergebnisse seien richtig, wobei aus Materialmangel keine Serienuntersuchungen möglich waren, besteht die Aussage dieser Arbeiten nur in folgendem Faktum: Es spricht nichts dagegen, daß die Mumien von verwandten Personen kommen.

Kanopenschrein des Tutanchamun

So haben leider die serologischen Untersuchungen nichts dazu beigetragen, die Abstammung Tutanchamuns zu klären.

4. Auf gesichertem Boden befinden wir uns hingegen bei den Untersuchungsergebnissen über die Mumifizierungstechnik, die bei Tutanchamun angewandt worden war. Das Gehirn hat-

ten die Balsamierer durch die Nase entfernt und dann in den Schädel eine harzige Masse in zwei Portionen eingefüllt. Einmal lag der Kopf dabei auf dem Hinterhaupt, bis die Masse erstarrte, bei der zweiten Portion hing er senkrecht nach unten, so daß die beiden Harzschichten einen rechten Winkel bilden. Das sieht man ganz deutlich im Röntgenbild. Die Nasenlöcher sind mit harzgetränkten Leinentampons verschlossen, und man hatte Harz auch über die Augenlider und den Mund gestrichen. Der Kopf war rasiert. Durch einen Bauchschnitt in der linken Seite, der an der Mumie noch 8,6 cm mißt, hatten die Balsamierer alle Eingeweide entnommen und die Körperhöhle mit harzgetränktem Leinen ausgestopft und auch noch Salböl hineingegossen. Den Bauchschnitt bedeckte wohl ursprünglich eine dünne ovale Goldplatte, die beim Einwickeln der Mumie verrutschte.

Alabasterblock mit vier Abteilungen für die goldenen Eingeweidesärge

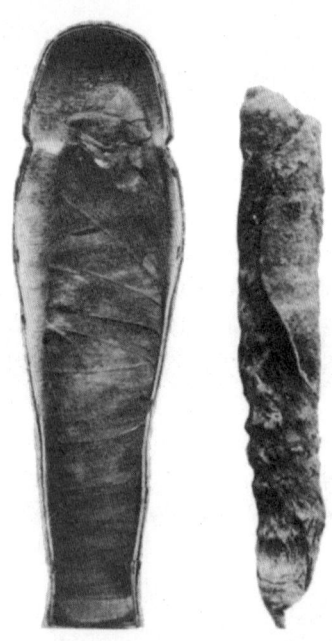

*Links: Mumienförmiges Eingeweidepaket im Miniatur-
Goldsarg. Rechts: Leinenrolle mit Organresten*

Für die königsgerechte Verpackung der Eingeweide hatte man,
wie für die Mumie selbst, einen enormen Aufwand getrieben.
Ein quadratischer Alabasterblock liegt auf einem vergoldeten
Holzschlitten. Über ihn gestülpt ist ein reich verzierter, vergoldeter Holzschrein, an dessen Seiten die vier weiblichen
Schutzgöttinnen Isis, Nephthys, Selkis und Neith mit schützend
ausgestreckten Armen stehen. Der Alabasterblock enthält vier
Aushöhlungen, die mit einem menschengesichtigen Stöpsel verschlossen waren. Sie stellen den König dar. In jeder der Vertie-
fungen steht ein kleiner menschenförmiger Goldsarg, welcher
jeweils mit einem Leinenstreifen um den Hals und die Knöchel
zusammengebunden, in ein Leinentuch gehüllt und dann mit

Salböl übergossen worden war. Diese kleinen Goldsärge hatte man, nach der geänderten Inschrift im Innern der Särge zu urteilen, ursprünglich für die Bestattung der Semenchkare gearbeitet, dann aber für die Eingeweide des Tutanchamun benutzt.

Die vier in Mumienform gewickelten Organpakete schnitt Carter auf, und darin lagen die in ein Leinentuch gerollten Organreste des Tutanchamun. Diese Leinenrollen hatten etwa die Form von großen Zigarren mit einem Durchmesser um 3 cm und einer Länge von 22 cm. Nach der Größe dieser Rollen können sie nur kleine Stücke mumifizierter Organe enthalten haben.

Wenn auch die «Verpackung» der Mumie und der Eingeweide sehr aufwendig war, so ist die Behandlung des Körpers die gleiche, wie wir sie auch bei Privatleuten dieser Zeit sehen. Es liegt also in der Mumifizierungstechnik keinerlei königliche Spezialbehandlung vor.

Carter war von den Ergebnissen der Untersuchung Derrys an der Mumie des Tutanchamun enttäuscht, hatte er sich doch eine Klärung seiner Fragen erhofft. So war er dann nicht weiter an den sterblichen Überresten des jungen Königs interessiert. Er wickelte sie in Watte und Leinenbinden, legte sie in einen mit Sand gefüllten flachen Kasten und stellte diesen am 23. 11. 1926, also fast ein Jahr nach der Untersuchung der Mumie, in den äußersten Sarg und diesen dann in den Steinsarkophag im Grab. Carter schrieb dazu nur kurz in sein Tagebuch:[45]

«The first outermost coffin containing the King's Mummy, finally rewrapped, was lowered into the sarcophagus this morning. We are now ready to begin upon the investigation of the Store Room.»

Die Mumie des Tutanchamun liegt noch heute in ihrem Sarkophag im Tal der Könige in Theben. Als einzigem Pharao ist es ihm vergönnt, vom Tag seiner Bestattung bis heute in seinem Grab zu verbleiben.

Die Mumie des Tutanchamun und der Fluch der Pharaonen

Besonders an der Mumie des Tutanchamun kristallisieren sich natürlich zahlreiche Geschichten vom «Fluch der Pharaonen». Dieser soll alle Personen treffen, die sich an der Mumie vergreifen. Es ist aber wohl Überzeugungssache, ob man an die Wirksamkeit solcher Flüche glaubt oder nicht. Im Grab des Tutanchamun gab es auf jeden Fall keinerlei Texte, die einen solchen Fluch aussprachen.

Wir wissen heute, daß an Mumien Pilzsporen und -gewebe erhalten sein können, sozusagen mitmumifiziert.[46] Hinzu kommt, daß bei nicht optimalen Bedingungen der Lagerung von Mumien in Museen sich an ihnen Pilze und Bakterien entwickeln können. Wie weit diese und vor allem auch der Mumienstaub, der beim Arbeiten an Mumien mit eingeatmet wird, besonders empfindliche Menschen schädigen kann, läßt sich zur Zeit nicht sagen.

Leider ist es wohl nicht zu vermeiden, daß einige Autoren, zum «Aufpeppen ihrer Stories», Tatsachen verdrehen oder Phantasien hinzufügen. So wird z. B. über Derry, der ja die anatomische Untersuchung der Mumie Tutanchamuns durchführte, und den Chemiker Lucas, der ihm assistierte und auch sonst bei der Bergung der Grabausrüstung mitarbeitete, folgendes berichtet:[47]

«Die Obduktion Tut-ench-Amuns am 11. November 1925 im anatomischen Institut der Kairoer Universität (tatsächlich fand sie aber im Grab Sethos' II. in Theben statt) hatte tragische Folgen: Alfred Lucas erlag bald darauf einem Herzanfall. Wenig später starb Professor Derry, der den ersten Schnitt an der Mumie Tut-ench-Amuns ausgeführt hatte, an Kreislaufversagen.»

Alfred Lucas starb allerdings erst 1945 und Derry 1961 im gesegneten Alter von 87 Jahren. Solche Verfälschungen mögen zwar das Geheimnisvolle um Mumien verstärken, dienen aber nicht gerade der korrekten Arbeit in der Forschung.

Die Kindermumien aus dem Grab des Tutanchamun

Sahen wir bei der Bestattung des Tutanchamun den extremen Aufwand an Sargschreinen, Särgen und Kanopenschreinen bei einem königlichen Begräbnis, sollte man sich auch nach der Grablegungsart anderer Teile der Bevölkerung umsehen, so z. B. der Kinder. Der Fund von zwei kleinen Kindermumien im Grab des Tutanchamun wirft die Frage auf, was beim Tode eines Kleinstkindes oder auch im Falle einer Frühgeburt geschah.

In den ägyptischen Sammlungen der Museen sind Mumien von Kleinstkindern oder Frühgeburten nur recht selten vertreten. So befinden sich unter den etwa sechzig Berliner Mumien nur zwei Frühgeburten. Dies ist recht erstaunlich, sollte man doch meinen, gerade diese «handlichen Souvenirs» wären in größerem Umfang in die Museen gelangt. Außerdem kann man doch sicher davon ausgehen, daß auch damals eine hohe Kindersterblichkeit in Ägypten herrschte, und man müßte deshalb Mumien von kleinen Kindern bei Grabungen in größerer Anzahl finden. Doch dies ist nicht der Fall. So sind wir bei der vom soziologischen Standpunkt aus sehr interessanten Frage, was mit Frühgeburten oder früh verstorbenen Kindern geschah, auf ganz wenige Funde angewiesen.

Man möchte doch wissen, wie sich die Bevölkerung im Falle eines solchen Familienunglücks verhielt; wurden die Überreste einfach beseitigt, etwa in den Nil geworfen, oder an einem besonderen Platz, in einer bestimmten Weise bestattet?

Glücklicherweise ist ein Fundort aus der 18. Dynastie, an dem Kinder begraben wurden, sehr gründlich untersucht worden.[48] Er gehörte zu der Arbeitersiedlung von Deir el Medineh. Man hatte dort die Kinder in einfachen Erdlöchern beigesetzt und meist einen Stein darüber gerollt, als Schutz gegen Wildtiere. Viele der kleinen Körper, nur in ein Leinentuch gehüllt, waren in Tonkrügen bestattet, Tongefäße, die ursprünglich für eine Benutzung im Haushalt bestimmt waren. Keiner der Krüge trug eine Inschrift, die sich auf das verstorbene Kind bezog, etwa einen Namen. In einige Töpfe waren Markierungen wie ein Rasiermesser oder eine Sandale eingeritzt, vielleicht Familienbezeichnungen. Diese Tongefäße enthielten Früh- und Totgeburten, einige davon allerdings auch Nachgeburten. Meist lag zuunterst in dem Gefäß ein Flintsteinmesser, mit dem wahrscheinlich die Nabelschnur durchtrennt worden war.

Andere häufig verwendete Behältnisse für die kleinen Körper waren Körbe oder Haushaltskästen sowie Matten. Ganz selten nur war ein Kleinstkind, das heißt ein vor dem Erreichen seines 1. Geburtstages verstorbenes Kind, in einem anthropomorphen Sarg beigesetzt.

An diesen Kinderbegräbnissen lassen sich keine aufwendigen Mumifizierungsverfahren beobachten. Das deckt sich auch mit dem Untersuchungsergebnis der kleinen Frühgeburt der Berliner Sammlung. Sie war, was noch nicht sicher ist, nur mit einer Natronbehandlung ausgetrocknet und dann eingewickelt worden. Ein Entfernen der Eingeweide fand nicht statt.

Auf dem Kleinstkinderfriedhof von Deir el Medineh fanden sich an den Körpern keine Amulette oder Schmuckstücke, man hatte den Kindern aber teilweise doch eine kleine Grabausstattung in Form einiger Töpfe mit Nahrungsmitteln mitgegeben.

In Deir el Medineh haben wir also in der 18. Dynastie den Fall, daß für Früh- und Totgeburten sowie Kinder, die nicht das erste Lebensjahr erreicht hatten, ein spezieller Friedhof eingerichtet war, wo man sie sorgfältig beisetzte.

Anders ist es in Kahun, der Siedlung der Arbeiter für den Pyramidenbau Sesostris' II. Sie liegt im Fayum und wurde während des Mittleren Reiches bewohnt. Petrie[49] fand unter den Fußböden der Keller in einigen Häusern Holzkästen, die ursprünglich für Haushaltsgegenstände oder Textilien bestimmt waren. Statt dessen enthielten sie aber die Körper von Kindern, die entweder tot geboren oder nach wenigen Monaten verstorben waren. In einigen Fällen lagen sogar zwei oder drei Kinder in einem Kasten zusammen. Leider sind die Überreste dieser Kinder nie anthropologisch untersucht worden, und die Kästen, die heute in Museums-Sammlungen sind, enthalten keine Mumien mehr.

Es lassen sich also in Ägypten die Begräbnisse von Tot- und Frühgeburten sowie Kleinstkindern an speziellen Plätzen und unter den Häusern nachweisen, aber anscheinend fast nie in den Gräbern von Erwachsenen. Eine interessante Ausnahme davon gibt es allerdings, im Grab des Tutanchamun. Hier fanden sich,

Kleiderkasten mit den zwei Frühgeburten (Nr. 317)

Mumien der Frühgeburten in ihren Särgen

auch in einem Kleiderkasten verpackt, die Mumien von zwei
Frühgeburten. Sie lagen jeweils in zwei ineinander geschachtelten kleinen Särgen. Es waren wohl beides Mädchen im Entwick-
lungsstadium von ca. 5 Monaten und 8 bis 9 Monaten.

Das kleinere Kind hatte man nicht mumifiziert, aber sorgfältig
eingewickelt und mit einer kleinen, vergoldeten Stuckmaske
versehen. Das größere Mädchen hingegen war mumifiziert. Die
Balsamierer hatten das Gehirn durch die Nase entfernt und auf
dem gleichen Weg Leinen in den Schädel gestopft. Durch einen
18 mm breiten Schnitt in der Bauchwand waren die Eingeweide
herausgenommen und der Thorax dann mit Leinen ausgefüllt
worden.[50] Welche Beziehung haben nun diese beiden kleinen
Kindermumien zu Tutanchamun?

Wir sehen hier, im Gegensatz zur sonstigen Behandlung dieser Kinder, eine sehr sorgfältige Wicklung, im Falle des größeren sogar eine Mumifizierung. Auch die Bestattungsweise in zwei ineinander geschachtelten anthropomorphen Särgen ist einmalig. So kann man sicherlich davon ausgehen, daß es sich um Kinder der königlichen Familie handelt.

An Gewebe vom größeren Kind bestimmte Connolly 1979 die Blutgruppe: sie war 0 und M.[51] Tutanchamun hatte die Blutgruppe A und MN. Leider ist die Mumie der Frau Tutanchamuns, der Königin Anchesenamun, nicht erhalten. Deshalb läßt sich aus diesem Untersuchungsergebnis nicht beweisen, daß es sich bei der Frühgeburt um eine Tochter Tutanchamuns handelt.

Ein anderer Fund sollte uns auch stutzig machen. Die kleinere Mumie war mit einer Stuckmaske versehen, die größere hingegen nicht.

Davis hatte in einer Grube außerhalb des Grabes von Tutanchamun die Reste der Balsamierungsmaterialien für diesen König gefunden. Sie waren in großen Tonkrügen verwahrt. Unter ihnen befand sich nun auch eine kleine Stuckmaske von 15 cm Höhe.[52] Es ist gut möglich, daß diese Maske ursprünglich für die andere Frühgeburt bestimmt war, dann aber vergessen wurde. Das würde aber nun heißen, daß beide Frühgeburten etwa zeitgleich mit der Mumie des Tutanchamun balsamiert worden wären. Will man nicht davon ausgehen, eine der kleinen Mumien sei schon irgendwo für längere Zeit aufbewahrt worden, so können nicht beide von der Königin Anchesenamun stammen.

Es ist aber durchaus vorstellbar, daß in der Zeit der Vorbereitung der Bestattung des Tutanchamun zwei Damen der königlichen Familie Fehlgeburten hatten und diese dann seltsamerweise mit im Grab des Tutanchamun bestattet wurden.

Königsmumien im Sammelversteck

Seit Belzoni zu Beginn des 19. Jahrhunderts im Tal der Könige von Theben die Gräber untersuchte, war bekannt, daß diese schon lange aufgebrochen und ausgeraubt worden waren. Die Grabräubereien hatten bereits kurz nach den Bestattungen der Könige begonnen. Dies wissen wir aus den auf Papyri geschriebenen Prozeßprotokollen gegen gefaßte Grabräuber aus der 21. Dynastie, die uns teilweise erhalten sind. Dort heißt es:[53]

«Da öffneten wir ihre Särge und die Hüllen, in denen sie lagen. Wir fanden diese ehrwürdige Mumie dieses Königs mit einer langen Reihe von goldenen Amuletten und Schmucksachen am Hals, und den Kopf mit Gold bedeckt. Die ehrwürdige Mumie dieses Königs war ganz mit Gold überzogen und seine Sargkasten waren innen und außen mit Gold und Silber bekleidet und mit allerhand prächtigen Edelsteinen ausgelegt. Wir rissen das Gold ab, das wir an der ehrwürdigen Mumie dieses Gottes fanden, und ebenso seine Amulette und Schmucksachen, die an seinem Hals hingen, und die Hüllen, in denen er ruhte. Die Königin fanden wir ebenso ausgestattet und rissen ebenso alles ab, was wir an ihr fanden. Ihre Hüllen verbrannten wir, und wir stahlen auch ihren Hausrat, den wir bei ihnen fanden, an goldenen, silbernen und bronzenen Gefäßen. Wir teilten dann zwischen uns und teilten dies Gold, das wir bei diesen beiden Göttern gefunden hatten, an ihren Mumien, den Amuletten, Schmucksachen und Hüllen in 8 Teile.»

So hatte man es eigentlich nicht für möglich gehalten, daß die Mumien der großen Pharaonen der ägyptischen Geschichte noch irgendwo im Tal der Könige unversehrt verborgen wären. Von 1876 an tauchten aber im Antikenhandel von Kairo in größeren Abständen Papyri und wertvolle Grabgegenstände von Hohepriestern des Amun der 21. Dynastie und ihren Familienmitgliedern auf. Der Leiter der ägyptischen Antikenverwaltung, Gaston Maspero, ging der Sache nach, und die Spur führte nach Luxor zu der Familie Abd-er-Rassoul. Nach langen Verhören, die auch die Bastonade mit einschlossen, kam es zum Streit innerhalb der Familie, und Mohammed Abd-er-Rassoul verriet die Lage des Grabversteckes, aus dem die bisher verkauften Objekte stammten.

Maspero war zu dieser Zeit gerade in Europa, und so mußte sein Assistent Emil Brugsch, der «kleine Bruder» des bekannten Ägyptologen Heinrich Brugsch, einspringen.

Am 6. Juli 1881 führte man Brugsch an den Eingang des Versteckes, später *Royal Cachette* von Deir el Bahari genannt. Es lag in einer Felswand etwas südlich von Deir el Bahari. Ein fast 12 m tiefer und 2 m breiter Schacht ging in die Tiefe, von dem aus ein etwa 60 m langer Stollen in den Berg getrieben war. Dieser mündete in einen ungefähr 80 m langen Raum.

Bei der Anlage handelte es sich ursprünglich um das Grab der Königin Inhapi aus der 17. Dynastie. Statt im erwarteten Familiengrab der Hohenpriester des Amun der 21. Dynastie stand Brugsch in einem Sammelversteck von Königsmumien aus der ganzen Zeit des Neuen Reiches.

Den besten Eindruck von den Geschehnissen dieser dramatischen Tage in Theben geben Masperos eigene Worte:[54]

«Man konnte nur kriechend weiter kommen, ohne zu wissen, wohin man Hände und Füße setzen sollte. Die Särge und Mumien, in der Eile nur flüchtig beim Schein einer Kerze besichtigt, trugen historische Namen: Amenophis I., Thoutmos II., in der Nische nahe an der Treppe Ahmos I. und sein Sohn Siamoun, Soquounri, die Königin Ahhotpou, Ahmos Nofritari und andere.

Hinten im Zimmer erreichte das Durcheinander den höchsten Grad, aber man konnte auf den ersten Blick das Vorherrschen

Bergung der Särge mit den Königsmumien aus der Royal Cachette; Zeichnung von Brugsch

des der XX. Dynastie eigenen Styles erkennen. Die Meldung des Mohammed Ahmed Abd-er-Rassoul, welche Anfangs übertrieben schien, war nur ein schwacher Ausdruck der Wahrheit: wo ich ein oder zwei unbedeutende kleine Könige zu finden erwartete, hatten die Araber ein ganzes Hypogeum (Grabgewölbe) von Pharaonen aufgestöbert. Und was für Pharaonen! Vielleicht die berühmtesten der ägyptischen Geschichte, Thoutmos III. und Sethi I., Ahmos der Befreier und Ramses II. der Eroberer. Herr Emil Brugsch glaubte das Spiel eines Traumes zu sein, als er unverhofft in solche Gesellschaft geriet und ich frage mich noch wie er, ob ich wirklich nicht träume, wenn ich das sehe und mit den Händen greife, was einst der Leib so vieler bedeutender Männer war, von denen es schien, als sollte man niemals etwas anderes als ihren Namen kennen lernen.

Zwei Stunden genügten für die erste Untersuchung, dann begann die Arbeit des Aufräumens. 300 Araber wurden von den Leuten des Mudir schnell zusammengebracht und begaben sich an die Arbeit. Das dem Museum gehörige Schiff, welches in der Eile herbeigeordert war, war noch nicht zur Stelle; aber man hatte einen der Lootsen Reis (Capitän) Mohammed zur Hand, auf den man sich verlassen konnte. Er stieg in die Tiefe des Schachtes und nahm es auf sich den Inhalt daraus ans Tageslicht zu ziehen; die Herren Emil Brugsch und Ahmed Effendi Kamal nahmen die Gegenstände so wie sie aus der Erde heraus kamen in Empfang, brachten sie an den Fuß des Hügels und stellten sie in Reihe und Glied, ohne einen Augenblick ihre Aufmerksamkeit zu vermindern.

48 Stunden anstrengender Arbeit genügten, um Alles ans Tageslicht zu schaffen, aber das Werk war nur zur Hälfte vollendet. Man mußte den Zug quer durch die Ebene von Theben und jenseits des Flusses bis nach Luxor führen; mehrere Särge, die nur mit großer Mühe von zwölf bis sechzehn Personen getragen wurden, gebrauchten vom Gebirge bis zum Flußufer 7 bis 8 Stunden und man kann sich leicht denken, was diese Reise durch den Staub und die Julihitze bedeutet.

Am 11. Juli Abends waren endlich alle Mumien und Särge in Luxor, gehörig verpackt in Matten und Tücher. Drei Tage später kam der Museumsdampfer; nachdem er eben beladen war, kehrte er mit seiner Fracht an Königen nach Boulaq zurück. Merkwürdig! Von Luxor bis Quust folgten die Fellahweiber mit aufgelösten Haaren heulend dem Schiff an beiden Ufern des Nil und die Männer schossen mit ihren Flinten, wie sie das bei Begräbnissen zu thun pflegen.»

So gelangten die Mumien der Pharaonen Seqenenre, Ahmose,

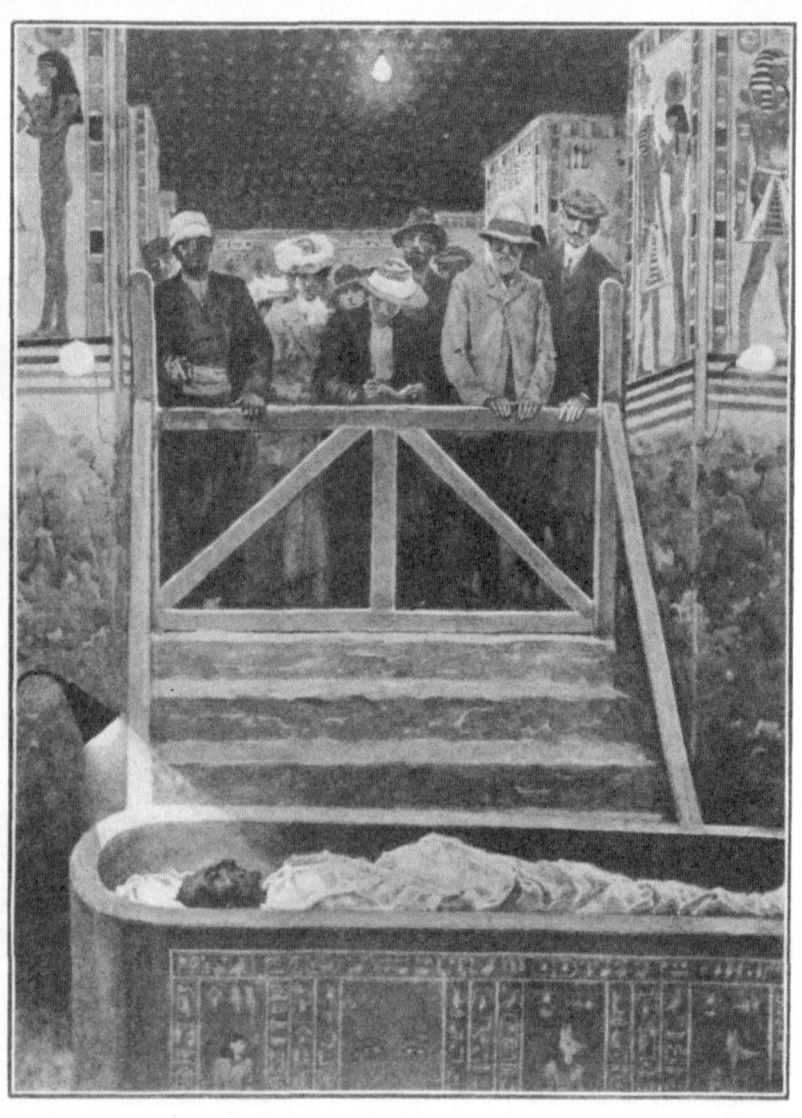

Die Mumie Amenophis' II. in ihrem Grab

74

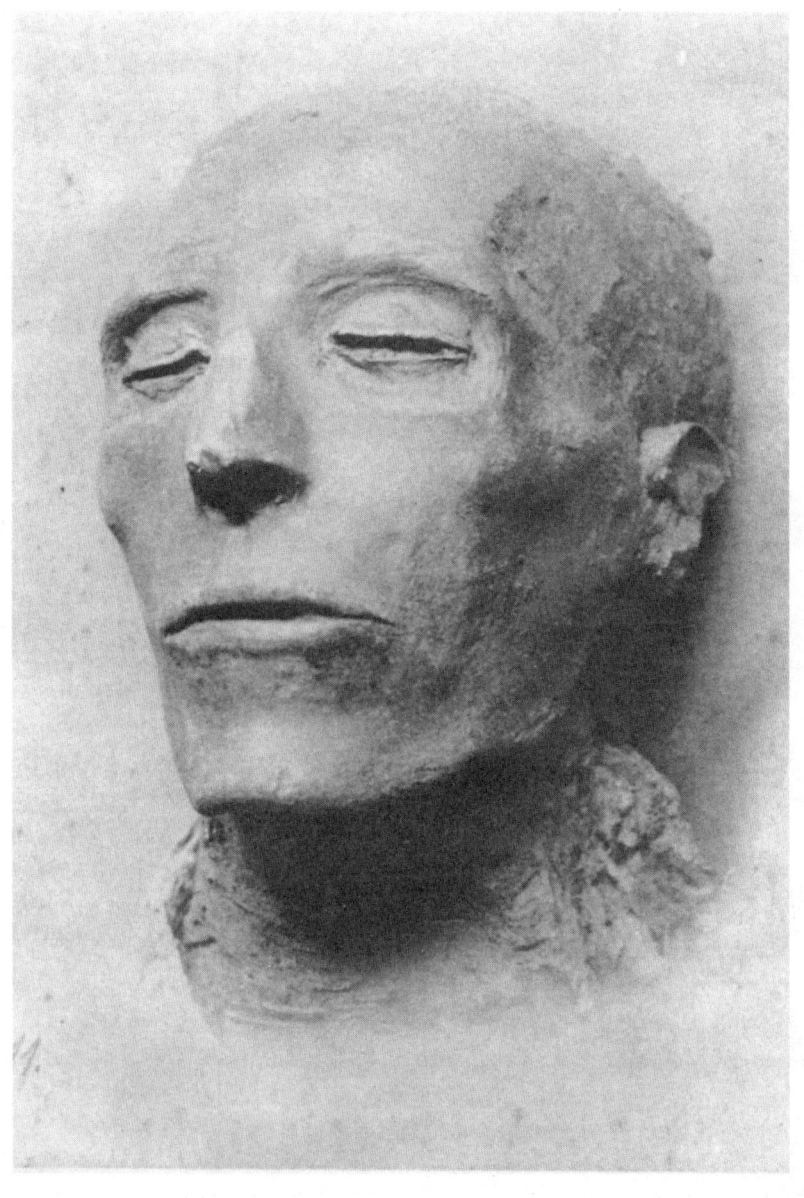

Mumie Sethos' I. aus der Royal Cachette von Deir el Bahari 75

Amenophis I., Thutmosis I., Thutmosis II., Thutmosis III., Sethos I., Ramses II. und Ramses III. sowie einiger ihrer Frauen in das Museum von Kairo.

Die Erhaltung dieser Königsmumien ist der Fürsorge der Hohenpriester des Amun zu verdanken, die um 1000 v. Chr. in einem Zeitraum von etwa 10 Jahren die Königsmumien aus den aufgebrochenen Gräbern zusammentrugen und in Deir el Bahari versteckten.

Sieht man sich die Liste der in der Royal Cachette von Deir el Bahari gefundenen Pharaonenmumien an, wird gleich deutlich, daß noch die Mumien einer ganzen Reihe von Pharaonen des Neuen Reiches fehlen. So gaben denn die Ausgräber, die damals im Tal der Könige arbeiteten, auch die Hoffnung nicht auf, daß ihnen vielleicht eines Tages doch noch der Fund eines weiteren Königsmumienversteckes gelingen würde. Und tatsächlich, der französische Ägyptologe Victor Loret entdeckte 1898 das Grab Amenophis' II., dessen Mumie sogar noch in seinem Steinsarkophag lag.

In einer Seitenkammer des Grabes, deren Zugang fast ganz zugemauert war, lagen die Mumien von acht weiteren Pharaonen: Thutmosis IV., Amenophis III., Merenptah, Siptah, Sethos II., Ramses IV., Ramses V. und Ramses VI.

Nachdem man die meisten der Mumien nach Kairo gebracht und dort nach und nach ausgewickelt hatte, wurde eine bedauerliche Tatsache offensichtlich. Die Grabräuber hatten die Mumien der Pharaonen bei ihrer Suche nach miteingewickelten Schmuckstücken stark beschädigt. Von den Priestern der 21. Dynastie waren sie dann teilweise nur recht nachlässig restauriert und neu eingewickelt worden. Besonders schlimm erging es Ramses VI. Die Grabräuber hatten seine Mumie buchstäblich zerhackt, die Gliedmaßen vom Körper getrennt und den Kopf gespalten. Beim erneuten Einwickeln legten die Prie-

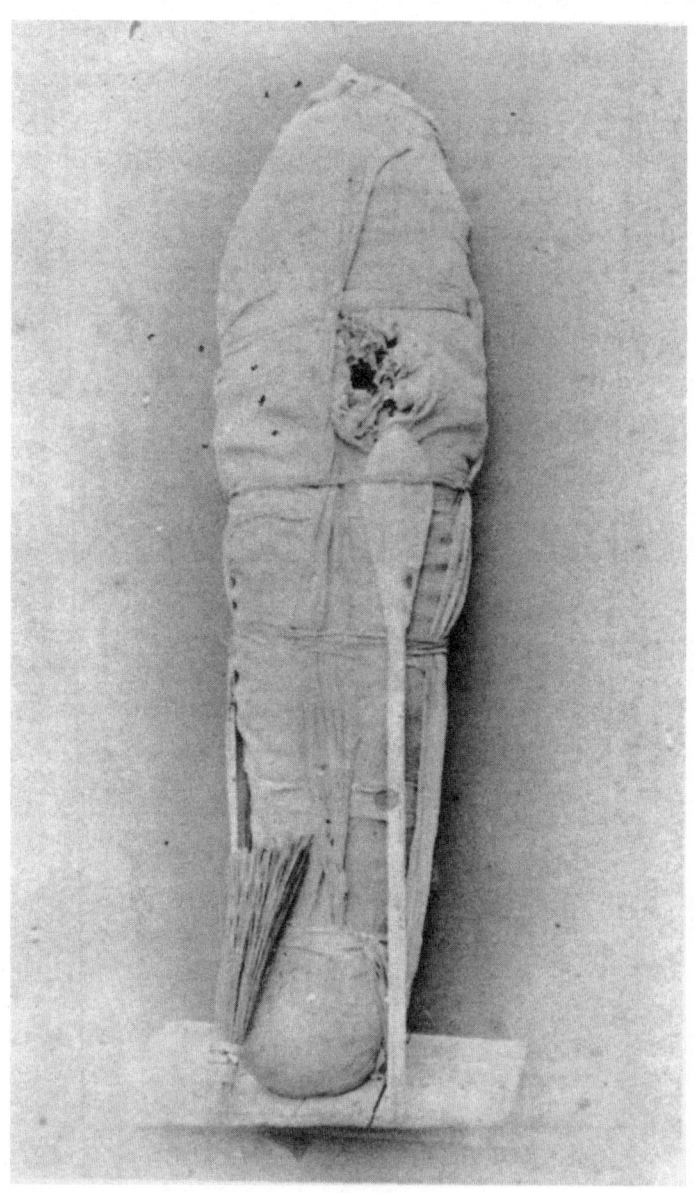

Mumie Thutmosis' III.

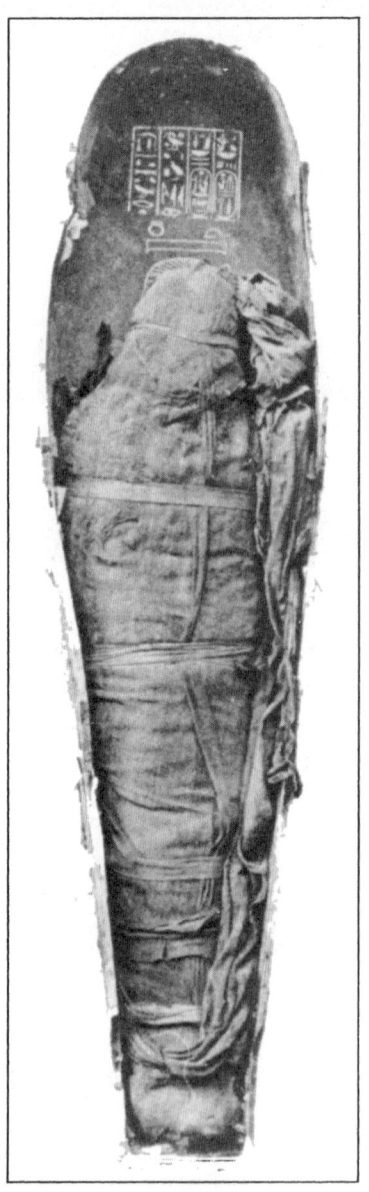

Links: Sargdeckel mit dem Namen «Sethos II.» und der Tinteninschrift mit dem Namen «Amenophis III.». Rechts: Sargunterteil mit dem Namen «Ramses III.» mit der als «Amenophis III.» beschrifteten Mumie

ster die Reste auf ein Brett und aus Versehen sogar noch Teile von zwei weiteren Individuen mit hinzu, die Hand einer Frau und den Unterarm mit Hand eines anderen Mannes.

Auch an der Mumie von Siptah hatten die Grabräuber eine Hand abgebrochen. Wie man noch an einem Abdruck in der Harzschicht am Ellenbogen erkennen konnte, hielten die Hände wohl einst die vergoldeten Königsinsignien Krummstab und Wedel. Die abgebrochene Hand hatten die Priester mit einem Holzsplint und Leinenbändern wieder am Arm befestigt.

Mehrere Mumien hatten auch ein Loch in der Brust- oder Bauchdecke. Die Grabräuber hatten hier nach dem Herzskarabäus gesucht. Die meisten Mumien lagen in den Sammelverstecken nicht mehr in ihren Originalsärgen. Die Identifizierung beruht deshalb nur auf den Inschriften auf den Mumien selbst oder auf den Ersatzsärgen, in denen sie lagen. Doch auch diese Inschriften sind in einigen Fällen problematisch. So befand sich z. B. die als «Amenophis III.» beschriftete Mumie in einem Sargunterteil, das den Namen «Ramses III.» trug mit einem Sargdeckel, der mit dem Namen «Sethos II.» und einer zusätzlichen Tinteninschrift mit dem Namen «Amenophis III.» versehen war.

Diese nicht immer eindeutigen Beschriftungen und die Tatsache, daß die aus historischen Quellen ermittelten Lebenszeiten der Pharaonen manchmal nicht mit denen aus der anatomischen Untersuchung übereinstimmen, haben dazu geführt, daß heute nicht mehr alle Identifizierungen der Könige als absolut gesichert gelten.

Schönheitschirurgie an Mumien

Mode und Schönheitsideale sind dem Wandel der Zeit unterworfen: was gestern noch als vollendet galt, wird heute nicht mehr für schön gehalten. So war es auch im Alten Ägypten, aber dort beschränkten sich Mode und Verschönerungstechniken nicht nur auf die Lebenden, sondern sie betrafen auch die Mumien.

Nach den Vorstellungen der Ägypter der 21. Dynastie müssen die ausgetrockneten Mumienkörper der vergangenen Zeiten nicht mehr ihrem Idealbild einer Mumie entsprochen haben.

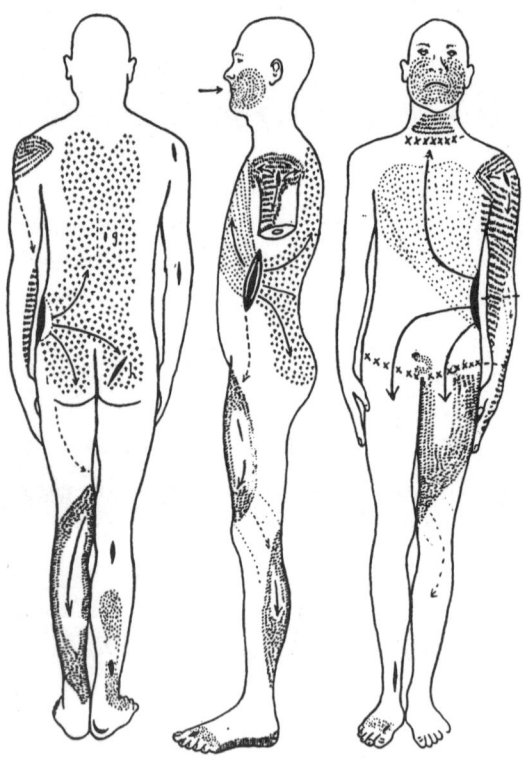

Das Einführen von Materalien in das Muskelgewebe nach Smith

Zwar füllte man schon die Leibeshöhle mit Leinen oder Säge-spänen aus, um wenigstens dem Leib wieder eine naturgetreue Form zu geben, aber das Muskelgewebe war stark geschrumpft. So suchten die Balsamierer nach neuen Techniken, um dem Körper ein lebensnäheres Aussehen zu geben.

Ein erster Schritt in dieser Richtung war das Einreiben der Haut mit Farbe, gelbliches Ockerpigment für die Frauen, rotbräunliches für die Männer.

Die Augenhöhlen wurden mit kleinen Leinenbäuschen aufge-füllt und auf die Lider künstliche Augen aus Fayence gelegt.

Der entscheidende Schritt war aber der chirurgische Eingriff ins Muskelgewebe. Die Balsamierer schnitten die Haut auf und führten dann als Stopfmaterial Leinen, Sägespäne oder Sand in das Gewebe ein. Smith[55] hatte die Möglichkeit, dieses Balsamie-rungsverfahren an vielen Mumien der 21. Dynastie zu untersu-chen, und konnte danach eine schematische Zeichnung dieser Technik anfertigen.

Wohl mag die Mumie direkt nach der Fertigstellung ein sehr le-bendiges, etwas puppenhaftes Aussehen gehabt haben, aber auf die Jahrhunderte gesehen war diese Mumifizierungsart nicht von Vorteil für die Erhaltung des Körpers.

Dies läßt sich sehr gut an der Mumie der Henettaui erkennen. Sie war die Frau des Hohenpriesters des Amun von Theben, Paj-nodjem I., der maßgeblich an der Rettungsaktion der Pharao-nenmumien beteiligt gewesen war. So kam es denn, daß sie mit in der Royal Cachette von Deir el Bahari bestattet wurde. Beim Auswickeln ihrer Mumie konnte man deutlich erkennen, daß die neue Technik der Balsamierung mehr Schaden als Nutzen angerichtet hatte. Ihr von einer großen Perücke umrahmtes Ge-sicht wirkt aufgedunsen, und die Haut ist an vielen Stellen ge-platzt.

Mumie der Henettaui, 21. Dynastie

Die Verpackung wird wichtiger als der Körper

Wurde in der 21. Dynastie besondere Sorgfalt auf die Herrichtung des Körpers verwandt, so ändert sich dies immer mehr in der folgenden Zeit. Oftmals ist jetzt das Skelett stark beschädigt, Brüche an den Extremitäten sind zu beobachten, die erst nach dem Tode eingetreten sind, und man gewinnt den Eindruck, daß die Balsamierung sehr nachlässig ausgeführt wurde. Das Äußere der Mumie, ihre «Verpackung», wird wichtiger.

Eine besondere Rolle spielte dabei die Mumienmaske. Vereinzelt schon im alten Reich, dann aber in der ganzen Zeit der ägyptischen Geschichte, war sie der wichtigste Teil der Mumienausstattung. Noch im Neuen Reich waren allerdings Goldmasken oder vergoldete Stuckmasken für die Begräbnisse der Mitglieder der königlichen Familie oder hoher Würdenträger reserviert. Von ptolemäischer Zeit an finden wir aber vergoldete Stuckmasken selbst bei ganz einfachen Begräbnissen. Hinzu kommen jetzt auch noch bunt bemalte Kartonageteile zum Bedecken der Brust, der Beine und spezielle Hüllen für die Füße, die sogenannten Mumienschuhe.

Bisher waren die Mumienmasken, bis auf die Stuckmasken aus dem Alten Reich, aus Leinwandkartonage hergestellt, d. h. aus mit Gips überzogenen, verklebten Leinenschichten. Doch jetzt nahm man auch Papyrus als Maskenmaterial. Nicht mehr benötigte beschriebene Papyri, also zur Vernichtung freigegebene Akten und anderes Altpapier, wurde verklebt und zu Mumienmasken geformt. Diese Papyruskartonageteile lassen sich heute wieder aufweichen und die einzelnen Papyri herauslösen.

Die so gewonnenen Akten sind eine interessante Informationsquelle zur Verwaltung im ptolemäischen Ägypten und anderen Bereichen des täglichen Lebens. Um solche Papyri aus Kartonageteilen zu beschaffen, wurden spezielle Grabungen in Ägypten durchgeführt.

Sehen für das ungeübte Auge die Mumienmasken der ptolemäischen Zeit recht uniform aus, so ändert sich dies mit dem beginnenden römischen Einfluß in Ägypten. Die römische Porträtmalerei bewirkte, daß die Masken sowohl vom Material als auch von der Ausgestaltung vielseitiger werden. Auf den Mumien finden wir jetzt dickwandige Gipsmasken, bei denen sehr viel Sorgfalt auf die Ausarbeitung von Frisuren und Schmuckstücken gelegt wird. Bunt bemalte Kartonagemasken, manchmal mit Haaren aus gefärbter Baumwolle, oder ganz vergoldete, die auch den Oberkörper und die Arme mit bedecken, zeigen eine Vielfalt von Möglichkeiten, wie man den Kopfteil einer Mumie bedecken konnte.

Eine Besonderheit der römischen Zeit, die auch den heutigen Betrachter immer noch sehr anspricht, sind die sogenannten Mumienporträts. Das sind meist auf Holztafeln mit Wachs- oder Temperafarben gemalte Porträts des Verstorbenen, die auf die Kopffläche der Mumie aufgelegt und von der letzten Bindenumwicklung mit festgehalten wurden. In manchen Fällen diente auch das äußerste Leinen-Mumientuch als Maluntergrund. Betrachtet man aufgestellte Porträtmumien, hat man fast den Eindruck, der Verstorbene blicke aus seiner Mumienhülle heraus.

Aber nicht nur auf Maske oder Porträt wurde von der Spätzeit an großer Wert gelegt, sondern auch auf die Wicklung der Mumie. Oftmals bildete ein rot oder rosa gefärbtes Leinentuch, das von hellen, naturfarbenen Leinenstreifen zusammengehalten wurde, den äußersten Abschluß der Mumienwicklung. Darauf lag dann ein Perlennetz aus blauen Fayenceperlen, in das man oftmals sogar noch bunte, kunstvolle Figuren oder Inschriften mit Opferformeln eingearbeitet hatte.

Aber auch die Leinenwicklung selbst konnte zu einem handwerklichen Meisterstück werden. Schmale Leinenbänder, teilweise von verschiedener Farbe, verliefen in komplizierten Mu-

84

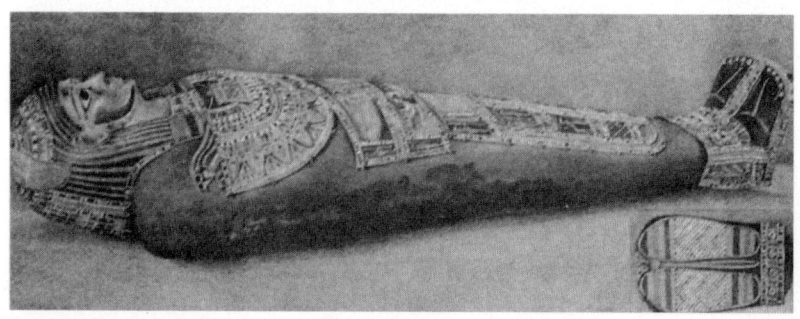

Mumie aus ptolemäischer Zeit

stern über die Mumie und bildeten sogenannte Kassetten. In ihrem Zentrum saß dann meist noch ein vergoldeter Gipsknopf.

Die große Sorgfalt, die man auf die Wicklung verwandte, beschreiben auch die zwei erhaltenen Papyri mit dem sogenannten Balsamierungsritual. Im vorrömischen Ägypten scheint die technische Seite der Herstellung von Mumien tabuisiert gewesen zu sein. Aus dieser Zeit haben wir nur Texte, die Rituale oder religiöse Fürsorge an der Mumie betreffen. Erst aus dem 1. Jh. n. Chr. stammen die beiden Papyri *Boulaq 3* und *Louvre 5158*, in denen die Wicklung und Salbung des Körpers detailliert beschrieben wird. Aber auch in diesen Papyri nehmen die Rituale weiterhin einen großen Raum ein, sie nennen die Sprüche, die bei den einzelnen Handlungen rezitiert werden sollen, und die benötigten Amulette.

In diesem Balsamierungsritual wird auch eine Besonderheit der ptolemäischen Mumien genannt, die Vergoldung bestimmter Teile des Körpers. So heißt es dort:[56]

«Darnach vergolde seine Nägel an seinen Händen und seinen Füßen, angefangen von seinen Fingern bis zu seinem Fußnagel,

Münzsiegel von einer Mumie

der mit einer Binde von Leinen aus dem Gewebe von Sais be-
wickelt ist. Dazu zu sprechen: O Osiris, du empfängst deinen
Nagel in Gold, deine Finger in edlem Metall, deine Fußnägel in
Elektron. Der Ausfluß des Re tritt an dich, die Gottesglieder des
Osiris in Wahrheit. Du gehst auf deinen Füßen zum Hause der
Ewigkeit und erhebst deine Arme zur Stätte der Unendlichkeit.
Du wirst durch das Gold verschönt und durch das Elektrum gestärkt; deine Finger werden im Hause des Re in der Werkstatt
des Horus selbst beweglich gemacht.»
Goldene Hülsen für die Finger und Zehen finden wir zwar schon
an der Mumie des Tutanchamun, aber eine Vergoldung der
Haut scheint erst in ptolemäischer Zeit praktiziert worden zu
sein. Es sind, wie es der Text nennt, auch tatsächlich vor allem
die Nägel, die vergoldet sind. Daneben kann aber auch das Gesicht vergoldet oder der ganze Körper mit Goldfarbe in geome-
trischen Mustern bemalt sein.
Eine weitere Neuheit, die jetzt an Mumien auftritt, sind Siegel,
mit denen die Balsamierer die fertiggestellte Mumie versehen.
Diese Siegel tragen meist ein Zeichen des Mumienmachers, teilweise nahm man aber auch Münzen zu diesem Zweck.

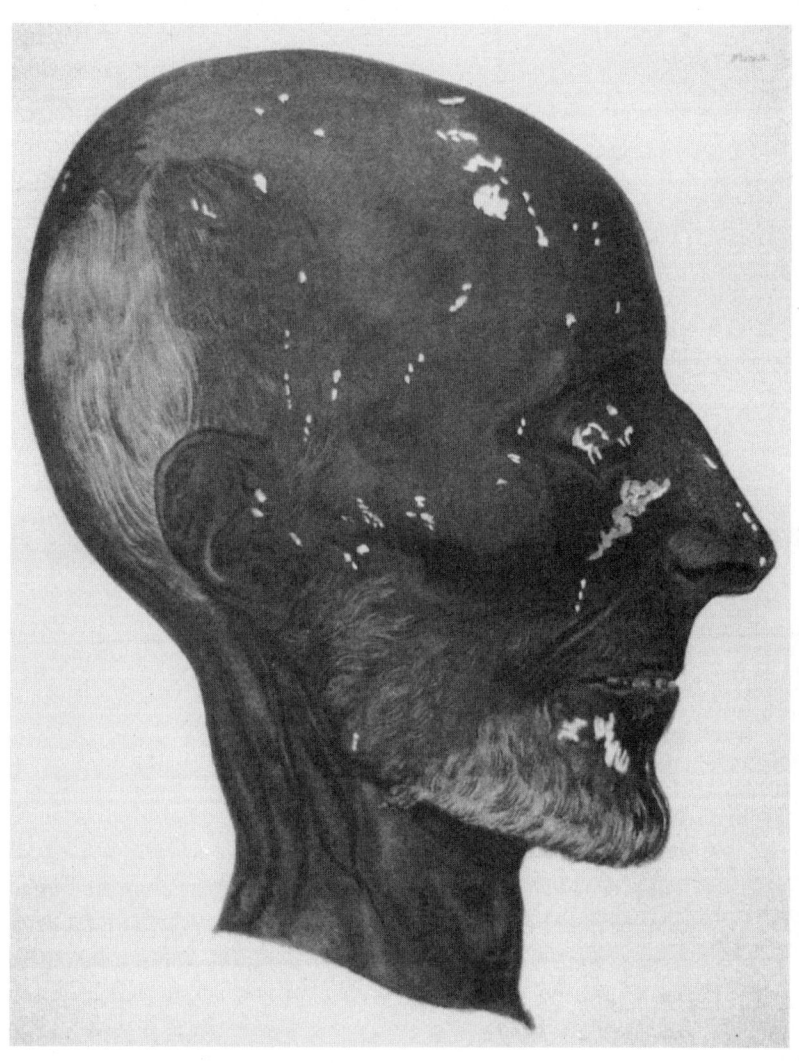

Mumienkopf mit Resten von Vergoldung

Fehlen uns für die vorgriechische Epoche schriftliche Belege über die technische Seite der Mumifizierung, so haben wir diese dann in größerem Umfang aus der ptolemäischen Zeit. Uns sind Verträge der Angehörigen des Verstorbenen mit den Balsamierern erhalten über die Art der Mumifizierung, die dafür benötigten Materialien und natürlich auch die damit verbundenen Kosten.

Einblick in das Mumienwesen geben uns vor allem die jetzt üblichen Mumienetiketten. Das sind kleine Holztafeln, die an der Mumie befestigt wurden. Sie trugen meist persönliche Angaben über den Verstorbenen wie Name, Titel, Beruf, Alter und Familie. Sie dienten sicherlich dazu, die Mumie bei ihrer Auslieferung zu identifizieren und auch um ihre Individualität in den Familien-Sammelgräbern zu sichern. Die Inschriften auf den Schildern waren meist in griechischer oder demotischer (neuägyptischer) Schrift abgefaßt.

Eine Mumie wird verschickt

Die Mumienetiketten geben uns weiterhin über viele weitere Tatsachen Auskunft.

Es kam sicherlich des öfteren vor, daß ein Ägypter auf Reisen krank wurde und verstarb. Wegen der klimatischen Bedingungen mußte aber die Mumifizierung gleich an Ort und Stelle erfolgen. Für die fertige Mumie war dann die Familie zuständig. Sie mußte für den Transport der Mumie zur Familien-Bestattungsstelle und die dort nötigen Rituale sorgen. Für einen solchen Transport befestigte man dann auch ein Mumienetikett an der Mumie, sozusagen als Versandpapier.

Sehr kurz gefaßte Begleitschreiben für den Transport von Mumien gibt es vereinzelt schon im Alten Reich. In Frauenbegräbnissen in Heluan fand man Ostraka, aus denen hervorgeht, daß die Frauen in Elkab verstarben, zum Begräbnis aber in ihren Heimatort Heluan überführt wurden.

Zwei dieser Etiketten wurden an einer Mumie in Achmîm (Panopolis) gefunden. Eines war für den Bootsmann, der für den Transport zuständig war. Es lautet:[57]

«Liefere die Mumie nach Panopolis ab, weil Didymos Bürger von Panopolis ist.»

Das zweite Etikett, das sowohl in griechischer als auch demotischer Schrift den gleichen Text hat, war eine Art Begleitbrief der Absenderin der Mumie. Diese war die Mutter des Verstorbenen mit Namen Tatriphus, sie schrieb an die Empfänger, ihre beiden Brüder Kolanthos und Besas:

«Mumie des Didymos, des Sohnes der Tatriphus, des Sohnes des Serapion, des Sackträgers.

An Kolanthos, den Bruder der Tatriphus, den Flickschneider und Vorsteher der Flickschneiderzunft, der im Hause des Eklogistes wohnt, und Besas, den Bruder der Tatriphus:

Sie (d.h. die Mumie) soll dort verbleiben. Ich bitte Euch, Tatriphus und Kephalas, um Nachricht, ob die Mumie meines Sohnes Didymos angekommen ist. Ich ersuche Euch, einen Brief zu senden, daß Du sie in Empfang genommen hast, damit ich beruhigt sein kann.

Postskriptum: Und auf der Mumie ist eine Bildtafel.»

In diesem Fall schickte also eine Mutter die Mumie ihres Sohnes an seine beiden Onkel, damit diese die Bestattung übernahmen. Das Begleitschreiben war an der Mumie befestigt und wurde mit ihr bestattet. Es verweist außerdem darauf, daß die Mumie noch mit einem Porträtbild versehen war. Die beiden Onkel konnten also daran erkennen, wie ihr Neffe zuletzt ausgesehen hatte.

Ausklang der Mumifizierung mit dem Einzug des Christentums

Der neue Glauben, das koptische Christentum, breitete sich in Ägypten sehr schnell aus und war dort bereits im 4. Jh. n. Chr. von breiten Kreisen der Bevölkerung angenommen. Es gab Klöster und zahlreiche berühmte Eremiten, aber es kam auch immer wieder vor, daß Christen als Märtyrer für ihren Glauben sterben mußten. Diese als Heilige angesehenen Männer wurden von ihren Anhängern entsprechend der ägyptischen Sitte balsamiert. Davon berichtet uns ein syrischer Text, der das Leben des heiligen Apollo beschreibt:[58]

«Und wir sahen mit eigenen Augen das Martyrium (kleine Kapelle), in das er und diejenigen, die mit ihm Zeugnis abgegeben hatten, gelegt worden waren. Wir beteten und verehrten Gott und berührten auch ihre toten Leiber, waren sie doch wegen der Nilüberschwemmung noch nicht begraben worden, sondern lagen balsamiert auf ihren Bahren in der Thebais.»

Die Kirchenväter aber waren entschiedene Gegner der Mumifizierung und brandmarkten sie als einen heidnischen Brauch, der mit dem Christentum nicht vereinbar sei. Nur noch die Seele hatte von Bedeutung zu sein, der Körper hingegen war unwichtig. So sagte der heilige Antonius, als er sein Ende kommen fühlte:[58]

«Und so euch an mir gelegen ist und ihr meiner als Vater eingedenk seid, dann erlaubt niemand meinen Leib zu nehmen und nach Ägypten zu bringen, damit sie mich nicht nach ihrem Brauch balsamieren und in ihren Häusern aufbewahren, bin ich doch (dem zu entgehen) in diese Wüste gekommen. Ihr wißt, daß dieser Angelegenheit beständig meine Mahnrede galt und ich gebetet habe, dies möge nicht geschehen, wißt ihr doch wohl, wie sehr ich diejenigen getadelt habe, die diesen Brauch übten. So hebt denn eine Grube aus, setzt mich darin bei, verbergt meinen Körper unter der Erde, beachtet diese meine Worte sorgfältig und erzählt niemand, wohin ihr mich gelegt habt; (und dort werde ich sein) bis zur Auferstehung der Toten, wenn ich diesen Leib ohne Vergänglichkeit empfangen werde.»

Doch gerade Bestattungsbräuche halten sich lange, und der Tadel der Kirchenväter scheint lange ohne Erfolg gewesen zu sein. So finden wir selbst in den Klosterfriedhöfen noch lange Bestattungen, die, wenn auch in einfacher Form, Züge von Mumifizierung zeigen.[59] Die Eingeweide wurden zwar nicht mehr entfernt, aber dennoch versuchte man mit einem Trockenprozeß, den Körper wenigstens etwas zu konservieren.[60]

An den Mumien der koptischen Zeit läßt sich nun erkennen, daß auch andere Bräuche mit dem Einzug des Christentums aufhörten. Bisher war es üblich gewesen, die Jungen einer Beschneidung zu unterziehen, dies wird jetzt auch nicht mehr praktiziert.[61] Eine eigenartige Wickeltechnik finden wir bei den koptischen Mumien aus Karâra in Mittelägypten. Über den Kopf wurde ein Dachgestell aus 2 Brettern oder Palmblattrippen gebaut und die ganze Konstruktion mit in die Leinenwicklung einbezogen. Schmale, bunt gemusterte Bänder hielten die äußersten Leinentücher zusammen.[62]

Mit der Zeit hatten die Ermahnungen der Kirchenväter Erfolg, und die Mumifizierung wurde nicht weiter praktiziert.

Koptische Mumie aus Karâra

Wo fand die Mumifizierung statt?

Nach diesem Weg durch die Geschichte der Mumifizierungstechnik im Alten Ägypten stellt sich die Frage, wo überhaupt die Mumifizierung stattfand. Wo war der Arbeitsplatz der Balsamierer? In allen Gruselfilmen sehen wir, wie in unterirdischen Gewölben eines Tempels, beim schwachen Licht von Fackeln, die Balsamierer ihrer schaurigen Arbeit nachgehen. Ein Leichnam liegt neben dem anderen, der eine wird gerade geöffnet, der andere ruht in einem Natronbad. Bei den klimatischen Bedingungen in Ägypten müßte ein im wahrsten Sinne des Wortes atemberaubender Geruch in den Kellern gewesen sein. Doch war es wirklich so im Alten Ägypten?

Die Stätte, an der im Alten Reich die Könige balsamiert wurden, wird sicherlich im Bereich der Taltempel der Pyramidenanlagen zu suchen sein, doch wo genau, darüber gehen die Meinungen der einzelnen Ägyptologen auseinander.

Der einzige «bauliche Hinweis», den wir zur Balsamierungsstätte im Alten Reich haben, sind zwei Alabastertische, die in einer der unterirdischen Galerien des Djoser-Komplexes in Saqqarah, in der Nähe seines Totentempels gefunden wurden. Sie sind in Form zweier Löwenkörper gebildet, die dazwischen liegende Tischfläche ist nach hinten geneigt und hat einen Ablauf in ein Gefäß, das von den beiden Schwänzen umfaßt wird. Ganz ähnliche Tische, natürlich von größeren Ausmaßen, wurden auch in der Balsamierungshalle der Apisstiere gefunden (s. Abb. S. 173), und wir sehen in späteren Darstellungen die von Anubis versorgte Mumie ebenfalls auf einem solchen löwenköpfigen Tisch, jedoch aus Holz, liegen. Nach der Größe können die im Djoser-Komplex gefundenen Alabastertische mit einer Fläche von 89 cm × 42 cm wohl nur zum Bearbeiten der Eingeweide gedient haben.

Dieser Fund ist zwar bisher der einzige seiner Art geblieben, es

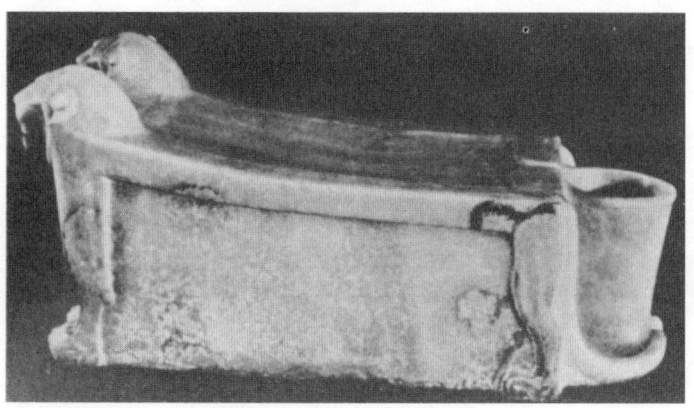

Balsamierungstisch aus dem Djoser-Komplex, 3. Dynastie

ist aber anzunehmen, daß die Körper der Könige des Neuen
Reiches auch irgendwo in einem Bezirk ihrer Totentempel auf
den Gang zum Grab vorbereitet wurden.

Wo aber arbeiteten die Balsamierer für normale Sterbliche?
Dazu gibt uns eine Wandmalerei im Grab des Pepi-ᶜnḫ in Meir
(6. Dyn.) Hinweise, von der Ausschnitte den Weg des Körpers
des Verstorbenen von seinem Haus zur Balsamierungsstelle verdeutlichen sollen.[63]

In späteren Zeiten wird meist nur die schon fertige Mumie dargestellt, auf einem löwenköpfigen Bett von einem Priester mit
Anubismaske versorgt.

Eine Ausnahme davon ist der Sarg des Djed-Bastet-juef-anch aus
ptolemäischer Zeit. Dort sehen wir zuerst das Waschen des
schwarz gemalten Leichnams. Dann folgt möglicherweise das
Einbetten in Natronsalz. In der nächsten Szene liegt der Körper,
der Kopf auf einer Kopfstütze ruhend, auf der Löwenbahre in
schematisch gezeichneten, sprießenden Pflanzen. Rituale werden vollzogen. In der obersten Zeile sieht man die schon fertige

A. Wir sehen, wie der Sarg unter einem Baldachin auf einem Schiff steht und dieses von zwei anderen Booten an das westliche Nilufer gezogen wird. Mit an Bord sind, außer den Bootführern, ein Vorsteher der Balsamierer 𓋴 𓏤 𓃀 𓂝 𓏴 mr-wt, ein Balsamierer 𓏴 𓂝 𓏤 wt, ein für die Rituale zuständiger Vorlesepriester 𓉐 𓃀 𓏥 hrj-hb, erkennbar an der Schärpe um seinen Oberkörper, und zwei Klagefrauen, die «Weihen» genannt.

B. Am anderen Nilufer angelangt, wird das Schiff am Land festgemacht.

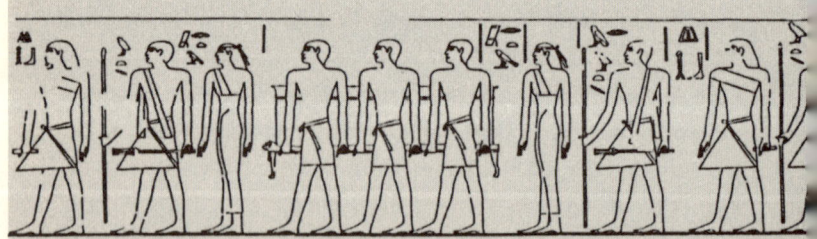

C. Von dort aus tragen drei Männer den auf einer löwenköpfigen Bahre stehenden Sarg zum Reinigungszelt 𓃀 𓂝 𓏥 jbw.

94

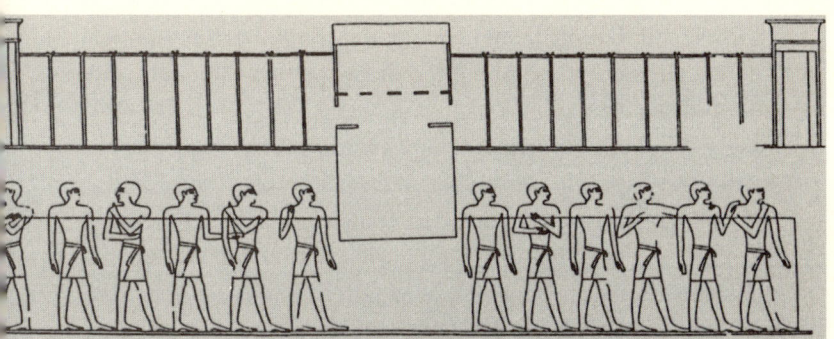

D. Die Darstellung des Reinigungszeltes, eine Mischung aus Grundriß und Seitenansicht, stellt wohl eine laubenartige Konstruktion dar. Welche Rituale dort abliefen, wissen wir nicht, vermutlich ein Waschen des Körpers.

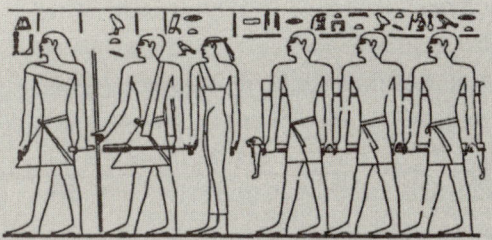

E. Vom Reinigungszelt aus tragen die drei Männer den wieder im Sarg liegenden Leichnam weiter.

F. Es geht jetzt zur Balsamierungshalle, dem pr wt. Dort sind zahlreiche Opfergaben aufgestapelt. Der Leichnam verbleibt in der Balsamierungshalle.

Mumie einmal mit Leinensäcken, die Mumifizierungsmaterial enthalten, das andere Mal mit den Kanopengefäßen, die unter der Bahre stehen.

In den Gräbern des Neuen Reiches wird jetzt, im Gegensatz zum Grab des Pepi-ʿnḫ, nur noch der Zug der eingesargten Mumie mit der Grabausrüstung und den Trauergästen zum Grab dargestellt. Dort richtet man am Eingang die Mumie mit Sarg auf und vollzieht an ihr das sogenannte Mundöffnungsritual, eine spirituelle Wiederbelebung des Körpers.

Können wir uns zwar nach diesen Darstellungen in etwa den Weg des Körpers vom Haus des Verstorbenen bis zu seinem Grab vorstellen, so waren anscheinend aber die technischen Einzelheiten der Mumifizierung tabuisiert, und sie wurden nicht abgebildet. Aus den Darstellungen läßt sich nur ablesen, daß wir uns das Reinigungszelt und wohl auch die Balsamierungshalle als eine leichte Konstruktion vorzustellen haben, etwa wie eine Laube oder Hütte. Da man für das Waschen des Körpers viel Wasser brauchte, wird man sie wohl auch in der Nähe des Nilufers aufgestellt haben.

Auf diese Lage am Nilufer weist auch eine Entdeckung hin, die an einer Mumie des Kestner-Museums Hannover gemacht wurde.[64] Bei einer genauen Untersuchung stellte man fest, daß unter der äußersten Wicklung Pflanzenreste klebten. Die Balsamierer hatten also die noch nicht ganz fertig gewickelte, aber schon mit Salbölen behandelte Mumie auf den Boden gelegt. An ihrem Rücken klebten dann einige Pflanzenteilchen fest und wurden mit eingewickelt. Es handelt sich dabei um Zweigstücke der Tamariske *(Tamarix nilotica Bge.),* Blättchen der *Cordia myxa L.,* einige Gräser und eine Blüte der ägyptischen Ringelblume *(Calendula aegyptiaca Desf.).* Auch diese Pflanzenteile deuten auf die Nähe des Balsamierungsplatzes am Nilufer hin.

Die schaurige Vorstellung von unterirdischen Gewölben als Arbeitsplätze der Balsamierer müssen wir wohl revidieren. Diese lagen mehr in der Nähe der Friedhöfe, nicht allzufern vom Nil, in hüttenähnlichen Gebäuden.

Die Werkzeuge des Balsamierers

Mumifizierungsinstrumente zu identifizieren, ist gar nicht so einfach. Zwar wurden manchmal bei Ausgrabungen gefundene Bronze-Instrumente etwas vorschnell als chirurgisches Besteck für die Balsamierung gedeutet, doch diese Bestimmung mußte unsicher bleiben, denn ein Messer kann alles schneiden, eine Pinzette zur Kosmetik dienen und eine starke Nadel Leder nähen. Ob solche Instrumente auch für die Herstellung einer Mumie benutzt wurden, muß aus anderen Quellen untersucht werden.

Bis vor wenigen Jahren waren wir, betreffs der Instrumente der Balsamierer, auf zwei Quellen angewiesen: auf die Beschreibung von Herodot und auf Zufallsfunde, bei denen die Balsamierer ein Werkzeug in der Mumie vergessen hatten.

Herodot beschreibt zwei Instrumente, die bei der Mumifizierung verwendet wurden:[30]

«Zuerst ziehen sie mit einem gekrümmten Eisendraht durch die Nasenlöcher das Gehirn heraus ... Sodann schneiden sie mit einem scharfen aithiopischen Stein den Leib an den Weichteilen entlang auf.»

Bei dem Steinmesser scheint es sich um ein Obsidianmesser gehandelt zu haben. Lange Haken, wie sie Herodot nennt, gibt es zahlreich und in unterschiedlichster Form in den ägyptischen Sammlungen der Museen, leider sind aber bei den meisten die Fundumstände nicht bekannt. Nur für zwei Haken im Berliner Museum ist belegt, daß sie in der Wicklung einer Mumie entdeckt wurden. Nicht ganz richtig scheint Herodots Materialbeschreibung dieser Haken zu sein, denn alle bisher gefundenen bestehen aus Kupfer oder Bronze und nicht aus Eisen.

Aber man hatte eigentlich nur den Bericht Herodots, daß mit einem Haken das Gehirn aus dem Schädel durch die Nase entfernt wurde. Um nun zu überprüfen, ob das tatsächlich möglich ist, führte der Medizinhistoriker Karl Sudhoff 1908 in der Leipziger Anatomie Versuche durch.[65] Er durchstieß mit einem solchen Haken die Siebbeinplatte am Schädel eines Verstorbenen und zerriß dann damit die Hirnhaut sowie die festeren Strukturen des Gehirns. Nach ca. 15–20 Minuten floß das leicht mazerisierte Gehirn der auf dem Bauch liegenden Leiche von selbst durch die Nase aus. Die Brauchbarkeit dieser Haken war bewiesen.

Filce Leek[66], zunächst ein Skeptiker dieser Arbeiten von Sudhoff, führte ähnliche Versuche an Schädeln von Schafen durch; auch dort funktionierte es.

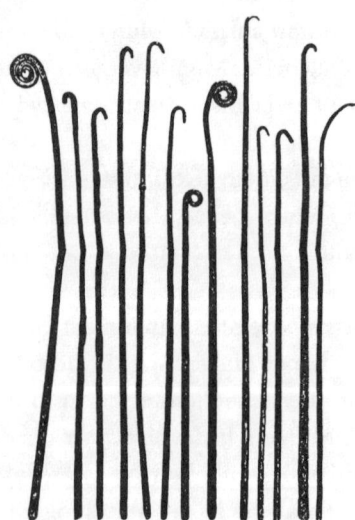

Mumifizierungshaken aus verschiedenen Sammlungen

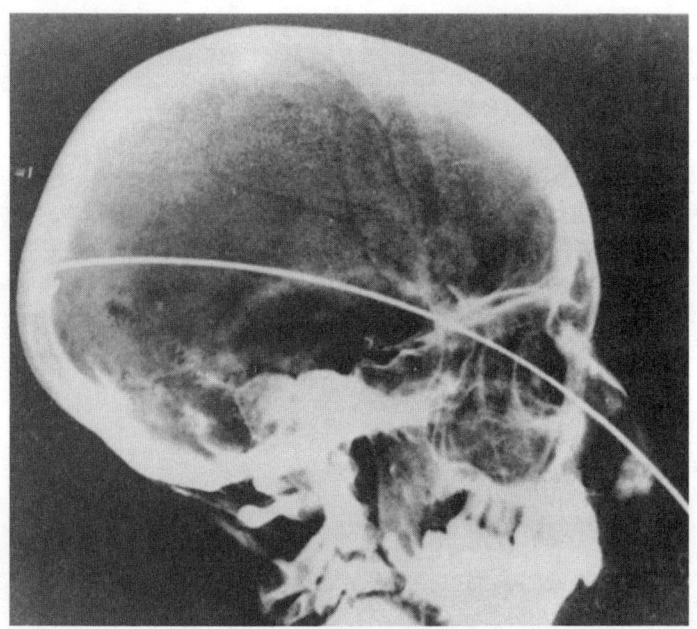

*Weg des Mumienhakens im Schädel; moderne Nachstellung der Prozedur an einem alt-
ägyptischen Schädel*

Es passierte durchaus einmal, daß ein Instrument beim Balsamieren im Körper vergessen wurde. So hat dann Passalacqua
allein 24 Instrumente in Mumien gefunden, 2 Bronzehaken,
Spatel, Löffel, Pinzetten und Meißel.[67] Auch die Grabung der
Deutschen Orientgesellschaft 1904 in Abusir el Meleq[68] wurde
fündig. In einer Mumie hatte man sogar drei Instrumente vergessen: einen Haken, eine Pinzette und ein pfriemartiges Werkzeug. In einer anderen Mumie lag noch ein Spatel von 14 cm
Länge.

Mit diesen Funden haben wir praktisch schon eine Art Grund-
ausrüstung zum Mumifizieren beisammen. Ein glücklicher Zufall hat uns aber sogar eine komplette Ausrüstung mit allen In-

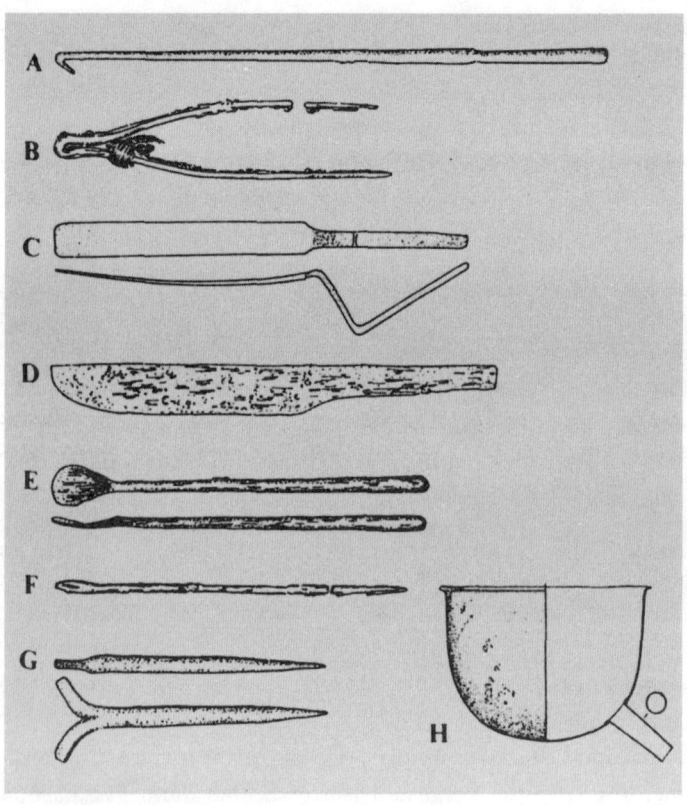

A **Haken.** *Das Instrument hat einen quadratischen Querschnitt, der Griff ist kolbenför-
mig verdickt, zum Hakenende verjüngt sich der lange, gerade Stiel konisch, Länge 32,8 cm;
Durchmesser 0,2–0,6 cm*

B **Pinzette.** *Länge 10,2 cm; Breite 0,75 cm*

C **Spatelartiges Instrument.** *Der Griff ist durch Stufenbiegung vom Blatt abgesetzt.
Länge 24,5 cm; Länge des Blattes 16 cm; Breite des Blattes 1,9 cm*

D **Messer.** *Länge 10,2 cm; Breite 0,75 cm*

E **Löffel.** *Länge 11,2 cm; Länge der Laffe 2,5–4 cm; Breite 1,05 cm*

F **Nadel.** *Länge 10,5 cm*

G **Ahle mit Gabelkopf.** *Gabelende leicht gebogen, etwas flachgehämmert und an den
Enden dickgeklopft Länge 8 cm; Durchmesser 0,5 cm*

H *Neu ist in diesem Zusammenhang ein* **Gefäß** *zum Einfüllen von Flüssigkeiten in den
Körper. Durchmesser 13 cm; Höhe 9 cm; Länge der Tülle 4 cm; Durchmesser der Tülle 1,4 cm*

strumenten erhalten. 1982 wurde von Manfred Bietak und Elfriede Reiser-Haslauer das Grab des Anch-Hor in Theben aus
der 26. Dynastie veröffentlicht. In einer Seitenkammer dieses
Grabes hatte man etwas später den Gottesvater W3ḫ-jb-Rᶜ beigesetzt und mit in sein Grab alle bei der Balsamierung verwendeten Utensilien wie Chemikalien, Gefäße und Instrumente gelegt. Darunter finden wir nun auch alle die Werkzeuge wieder,
die wir schon vorher als Mumifizierungsinstrumente identifiziert hatten: Haken, Pinzette, Spatel, Löffel, Nadel, aber auch
ein Messer und eine Ahle mit Gabelkopf. Die Instrumente sind
aus Kupfer gefertigt, und die Publikation gibt eine sehr gute Illustration dieser Geräte:[69]

Mit Gefäßen dieser Art hat man sicherlich die in warmem Zustand flüssigen, harzigen Salböle in den geleerten Schädel einge-
gossen. Zwei ganz ähnliche Gefäße fand Mond zusammen mit
balsamierten Rindern.[70]

Insgesamt waren wohl etwa sieben verschiedene Instrumente
und ein Topf mit Tülle eine ausreichende Werkzeugausstattung
eines Balsamierers.

Wie gelang die Konservierung des Körpers?

Von ihren technischen Möglichkeiten her konnten die
Ägypter nur auf zwei Arten konservieren, durch Hitze (Austrocknen, Räuchern) oder Entwässerung mit Chemikalien. Die
erste Möglichkeit war für die Entstehung der Naturmumien ver-
antwortlich gewesen, die zweite perfektionierten die Ägypter im
Laufe der Jahrhunderte.

Für das Entwässern des Körpergewebes benutzten die Ägypter
Natron. Dies berichtet schon Herodot[30], und die Funde von Bal-
samierungsmaterial bestätigen es. Natron ist ein Gemisch von

Natriumkarbonat Na_2CO_3 und Natriumhydrogenkarbonat $NaHCO_3$. Es kommt in Ägypten an mehreren Stellen in so großem Umfang vor, daß sich ein Abbau lohnt. Der Hauptlieferant war aber immer das Wadi Natrûn in Unterägypten, nach dem dieses Produkt sogar seinen Namen erhielt. Aber auch in der Gegend von el Kab gibt es größere Natron-Vorkommen.

Zusätzlich zu den beiden Komponenten enthält natürliches Natron noch einen gewissen Anteil an Kochsalz (NaCl) und Natriumsulfat (Na_2SO_4). In Ägypten kann der Prozentsatz an Kochsalz in manchen Fällen bis zu 50% ausmachen. Es ist mittlerweile gelungen, Natron an Mumien, außerdem auf einem hölzernen Mumifizierungsbett, chemisch direkt nachzuweisen, und man fand es auch unter den Resten, die bei einigen Balsamierungen übriggeblieben waren.[17] In einigen Fällen hatten nämlich die Balsamierer alle nicht mehr benötigten Substanzen und Geräte – Natron, Leinenreste, Matten, sogar den hölzernen Tisch mit Holzklötzen zum Ausrichten des Körpers – in einer besonderen Grube außerhalb des Grabes beigesetzt. Dies geschah auch bei der Balsamierung des Tutanchamun. Hier fand sich das Natron in kleinen Säckchen, die einen Durchmesser von 7 bis 20 cm hatten. Das Natron war einfach auf ein eckiges Tuch gekippt worden, und dieses hatte man dann zusammengedreht. Ob diese Natronsäckchen nur eine Verpackungsart waren, oder ob sie auch einen technischen Zweck bei der Balsamierung hatten, ist nicht bekannt.[52]

Der früheste Beleg dafür, daß die Ägypter mit Natron mumifizierten, stammt bereits vom Anfang der 4. Dynastie. In dem Kanopenkasten der Königin Hetep-heres, der Mutter des Cheops, lagen drei der vier Eingeweidepakete in einer Natronlösung. Die vierte Abteilung des Kanopenkastens war undicht geworden und die Natronlösung ausgelaufen.[17] In dieser frühen Zeit, in den Anfängen der Mumifizierungsversuche, hatten die

Balsamierer anscheinend noch mit einer Natron *lösung* gearbeitet, bevor sich der Gebrauch von festem Natron durchsetzte.

Entgegen früheren Vorstellungen, die Ägypter hätten die Körper der Verstorbenen in ein Natronbad gelegt, geht man heute davon aus, daß die Balsamierer festes Natron benutzten. Bisher hat man nämlich noch keine so großen Tongefäße gefunden, wie sie für ein Natronbad nötig wären, und außerdem kann mit festem Natron ein besseres Konservierungsergebnis erzielt werden. Zu diesem Ergebnis kamen sowohl Lucas[17] als auch Garner[71] mit experimentellen Mumifizierungsversuchen. Lucas, der mit Tauben arbeitete, untersuchte auch die Frage, ob Natron oder Kochsalz besser konserviere, denn man hatte gesehen, daß in koptischer Zeit anscheinend Kochsalz bei der Mumifizierung eine größere Rolle spielte. Seine Versuche bestätigten die an den nicht so gut erhaltenen koptischen Mumien gemachten Beobachtungen: Natron mumifiziert besser als Kochsalz.

Garner experimentierte mit Mäusen und Ratten, und er untersuchte auch einmal die Frage, welche Mengen von Natron überhaupt nötig sind, um einen Körper so zu dehydrieren, daß er konserviert wird. Seiner Meinung nach mußte ein Mehrfaches des Körpervolumens an Natron in und um die Mumie herum geschichtet worden sein. Diese große Menge Natron ist durchaus vorstellbar, wenn man davon ausgeht, daß diese Chemikalie mehrfach benutzt werden kann, wobei aber ihre dehydrierende Eigenschaft abnimmt. Natron war also die entscheidende Substanz, mit der die Ägypter die Konservierung des Körpers erreichten. Um den Körper von Flüssigkeits- und Fettresten zu reinigen, benutzten die Balsamierer saugfähige Sägespäne und Häcksel. Auch davon fand man Reste in den Balsamierungsabfällen.

Eine ganz wichtige Substanz bei der Mumifizierung war außerdem das Salböl. Dieses hatte wohl mehrere Funktionen zu erfüllen: Konservieren durch antibakterielle und fungizide Wirkung, Parfümieren des Körpers und rituelles Salben.

Im Alten Ägypten war das rituelle Salben ein wichtiger Bestandteil der Kulthandlungen. Götterstatuen wurden jeden Morgen gesalbt, und auf dem Thronsessel des Tutanchamun ist dargestellt, wie er von seiner Frau Anchesenamun gesalbt wird.

Auch im Balsamierungsritual[56] spielt das Salben des Körpers eine entscheidende Rolle:

«Darnach salbe seinen Kopf mit zweimal gutem Myrrhenöl. Sprich dazu: O Osiris, das Myrrhenöl an dich, das aus Punt kommt, um deinen Geruch durch den Gottesgeruch zu verschönern.»

Welche Produkte die Ägypter für ihre Salböle nahmen, ist heute schwer zu sagen. In den Texten sind nur Produktnamen aufgeführt, die sich in den meisten Fällen heute noch nicht identifizieren lassen. Die chemische Analyse ist vor allem deshalb so problematisch, weil die Ägypter fast immer Substanzgemische verarbeiteten, in denen dann die einzelnen Bestandteile im Laufe der Jahrhunderte untereinander chemisch reagierten. Dennoch haben die bisher durchgeführten Analysen uns schon einen kleinen Einblick in die Salbenküche der Balsamierer gegeben.

Die Grundsubstanz bildeten pflanzliche Öle, die mit aromatisch duftenden Pflanzenharzen vermischt wurden. Diese Pflanzenharze mußte man von weit her importieren, Koniferenharz aus dem Libanon, Galbanum, das Harz der *Umbellifera Ferula gummosa Boiss.* aus dem Iran, Weihrauch und Myrrhe aus Punt. In ihrem Totentempel von Deir el Bahari hat die Königin Hatschepsut ihre berühmte Punt-Expedition abbilden lassen, bei der es auch um den Import von Myrrhebäumen ging.

Ganz entscheidend bei diesen Salbölen war ihr Duft. Da die Ägypter das Verfahren der Destillation noch nicht kannten, legten sie aromatisch duftende Pflanzenteile in ein geruchsneutra-

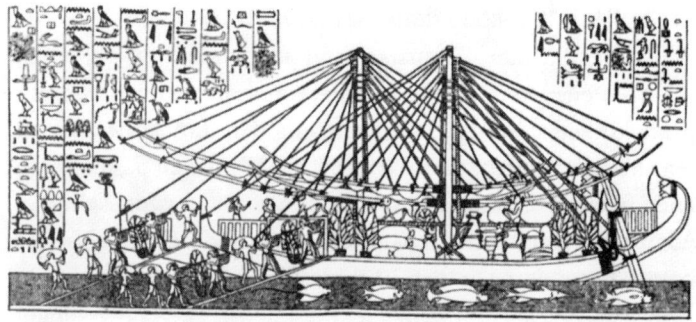

Abtransport von Myrrhebäumen aus Punt

les Öl ein und preßten das Ganze nach einiger Zeit aus. Der Duft haftete dann am Salböl.

Unklar ist zur Zeit noch, ab wann die Ägypter Bitumen als einen Bestandteil ihrer Salböle verwendeten. Bitumen ist ein Gemisch fossiler Kohlenwasserstoffe, und am Toten Meer gibt es einige Stellen, wo dieses Produkt eingesammelt werden kann. Diodorus[72] erwähnt zwar Bitumen als Substanz des Mumifizierungsprozesses, aber das muß nicht über die ganze Zeit des Pharaonenreiches gegolten haben.

In letzter Zeit sind gerade zur Frage nach der Verwendung von Bitumen neue Forschungsarbeiten begonnen worden. Im Moment sieht es so aus, als ob Bitumen erst relativ spät ein Bestandteil der Salböle wurde, vielleicht erst in römischer Zeit.[73]

Bei aller Traditionstreue der Ägypter haben sie sicherlich auch mit den verschiedensten Produkten experimentiert, um besonders gute Salböle herzustellen. Im Tempel von Edfu sind in einer Kammer lange Rezepturen für Salböle aufgeschrieben, die sich aus vielen Einzelprodukten zusammensetzen. Leider können wir bis heute diese Rezepte noch nicht vollständig übersetzen. Auf dem Gebiet der Salbenproduktion müssen die alten Ägypter aber Meister gewesen sein.

Aromatisch duftende Pflanzenprodukte an Mumien

Die Ägypter benutzten nun nicht nur mit duftenden Pflanzenteilen hergestellte Salböle, sondern auch die Pflanzenprodukte selbst bei der Mumifizierung. Für ihre Auswahl spielten sicherlich neben dem Wunsch, die Mumie zu parfümieren, auch religiöse Überlegungen eine Rolle. Der Ägypter ging davon aus, daß der Mensch den Lebenshauch durch die Nase aufnahm. Besonders deutlich ist diese Idee in den Bildnissen der Amarnazeit ausgedrückt, wo die Strahlenarme des Sonnengottes Aton dem König und der Königin das Lebenszeichen an die Nase halten.

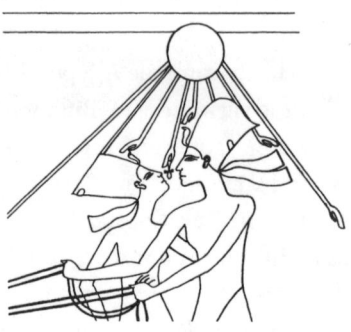

Aton reicht Echnaton und Nofrete das Lebenszeichen

Ausgehend von diesen Vorstellungen schrieb man wohl allen stark duftenden Substanzen eine belebende, regenerierende Wirkung zu. So ist es denn nicht verwunderlich, daß an Mumien zahlreiche stark aromatisch riechende Pflanzenprodukte gefunden wurden. Schon im Mittleren Reich hatte man zum Auffüllen der entleerten Leibeshöhle Sägespäne benutzt, vor allem die duftenden Späne von Koniferenhölzern.

Das Holz für die Sägespäne mußten die Ägypter aus dem Libanon importieren, da in Ägypten keine Koniferen wuchsen.

Sägespäne im Leib einer Mumie der 23.–24. Dynastie

Auch durch Fernhandel aus Kleinasien oder Griechenland be-
schafften sie sich die Duftflechte *Pseudevernia furfuracea (L.)*,
Zopf. Sie ist eine nahe Verwandte der Flechte Eichenmoos, die
noch heute zur Parfümherstellung benutzt wird. Wir finden sie
bereits in Kosmetikkästen in Gräbern des Mittleren Reiches. In
der 20. Dynastie hatten die Balsamierer für diese Flechtenart
noch eine andere Verwendung. Sie füllten die Körperhöhlen
der mumifizierten Pharaonen Siptah und Ramses IV. vollkommen mit dieser Flechte aus.

Aber nicht nur Könige kamen in den Genuß, duftend ausgepol-
stert zu werden. Auch der «einfache Mann» konnte sich so etwas
leisten, allerdings nur Flechten mit sehr viel Sägespänen vermischt. In München hatte man vor einigen Jahren eine Mumie
der 23.–24. Dynastie untersucht. Die Leibeshöhle war ganz mit
Sägespänen ausgefüllt. Unter den Sägespänen befanden sich
aber auch einige *Pseudevernia-furfuracea*-Flechten.[74]

Außer Koniferenholz und Duftflechten importierte man auch schon sehr früh Wacholderbeeren *(Juniperus oxycedrus L.)* aus dem Osten. Die ältesten Funde stammen bereits aus der 3. Dynastie. Vor allem in römischer und koptischer Zeit wickelten die Balsamierer Wacholderbeeren zwischen die Leinenbinden. Im Ägyptischen Museum Berlin befindet sich ein Sack mit Natron, das ganz mit Wacholderbeeren durchmischt ist. Vereinzelt finden wir aber auch schon in vorrömischer Zeit Wacholderbeeren an Mumien. Eine weibliche Mumie aus dem Mittleren Reich hielt sogar einige Wacholderbeeren zusammmen mit *Cyperus*-Rhizomen in der Hand.[75] Diese Cyperusknöllchen fanden sich auch in Kosmetikkästchen der gleichen Zeit. Sie werden heute noch von den Frauen in Ägypten als Duftstoff benutzt; sie binden sie sich in die Haare oder legen sie zwischen die Kleidung. Die Sitte, sich mit den Wurzelknöllchen von Cyperus-Pflanzen zu parfü-

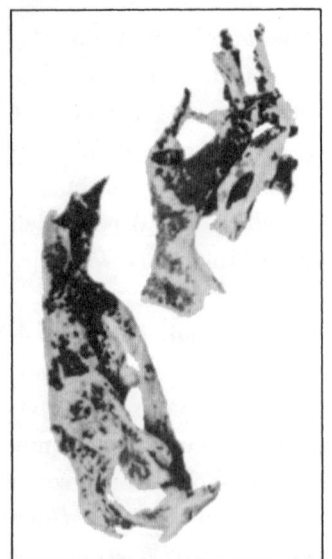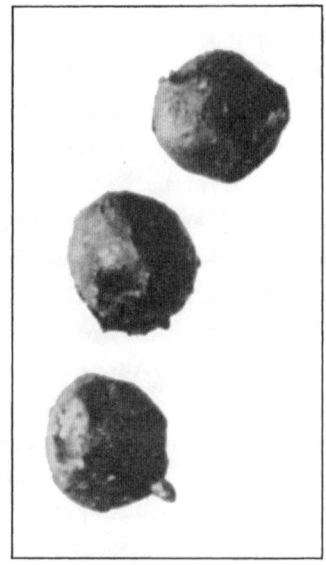

Links: Duftflechte Pseudevernia, 21. Dynastie. Rechts: Wacholderbeeren, 11. Dynastie

mieren, hat also eine fast vier Jahrtausende alte Tradition in Ägypten.

Erst in neuester Zeit hat man ein weiteres stark riechendes Pflanzenprodukt an einer Königsmumie gefunden, nämlich Pfeffer. Die Mumie Ramses' II. war im Museum in Kairo von Schimmelpilzen befallen worden. Für diesen vor mehr als 3000 Jahren perfekt balsamierten Körper bestand Gefahr, doch noch zu verwesen, weil er der zu hohen Luftfeuchtigkeit im Museum und extremen Temperaturschwankungen ausgesetzt war. Deshalb beschloß die ägyptische Regierung, das Angebot aus Paris vom Musée de l'Homme anzunehmen und Ramses II. 1976 dort restaurieren und konservieren zu lassen. Der Transport einer ägyptischen Pharaonenmumie außer Landes war ein großes Ereignis. Ramses II. flog mit einer französischen Transall-Militärmaschine und wurde in Paris mit allen militärischen Ehren empfangen, die einem verstorbenen König zustehen.

Die Aufgabe, diese Königsmumie zu restaurieren, nutzte man nun in Paris dazu, sie auch gleichzeitig mit allen uns heute zur Verfügung stehenden zerstörungsfreien naturwissenschaftlichen Methoden zu untersuchen. Als erstes begann man damit, das Innere der Leibeshöhle Ramses' II. genau unter die Lupe zu nehmen. Es befanden sich darin Reste von Sägespänen eines Koniferenholzes, Stengelstücke von Flachs, Samenfragmente der Koloquinte und Reste kleiner, runder Samen, deren Identifizierung zuerst große Schwierigkeiten machte. A. Plu[76] gelang es aber, sie zu bestimmen: es waren Pfefferkörner und vermutlich sogar der gleiche Pfeffer, den wir auch heute noch benutzen, *Piper nigrum L.*

Als man dann später Ramses II. von Kopf bis Fuß röntgte, wurden die gleichen Körner auch noch in der Nase entdeckt, die ganze Nasenhöhle war damit vollgestopft.

Wir kennen Pfeffer heute nur noch als Gewürz, in früheren Zeiten aber war er auch ein vielseitig verwendetes und teures Heil-

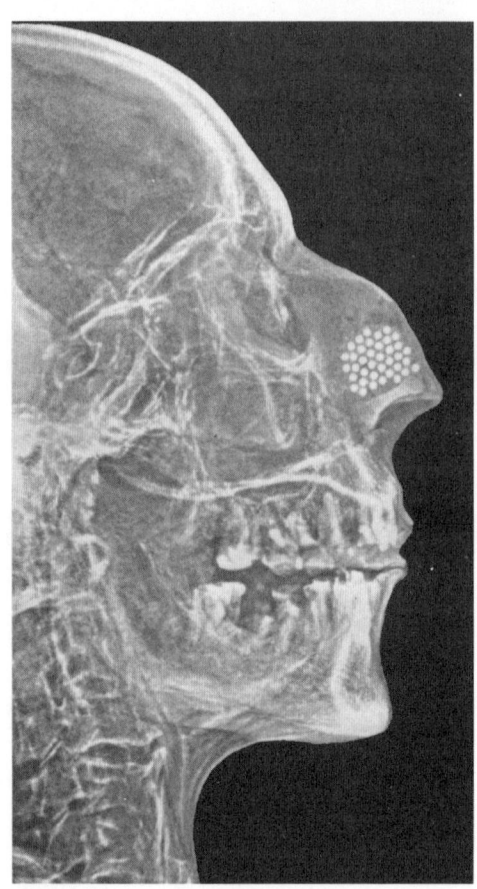

Röntgenbild des
Gesichtsschädels Ramses' II.
mit Pfefferkörnern in
der Nase

mittel. Zur Zeit Ramses' II. muß Pfeffer außerordentlich kostbar gewesen sein, denn er wurde aus Indien importiert.

Neben Parfüm- und Gewürzpflanzen nahmen die alten Ägypter seltsamerweise auch Zwiebelgewächse für die Mumifizierung, und zwar benutzten sie diese zu ganz unterschiedlichen Zwekken:

Bei der Balsamierung wird dem Körper durch das Natron das Wasser entzogen. Dabei schrumpfen die Augenbälle, die zu einem hohen Prozentsatz Wasser enthalten, ein, und die Augenhöhlen sehen leer aus. Um nun dem Gesicht einen lebendigeren Ausdruck zu geben, schob man kleine Küchenzwiebeln unter die Lider in die Augenhöhle. Auch bei den Pharaonen Ramses III. und Ramses IV. nahm man dafür ganz gewöhnliche Küchenzwiebeln.[77]

Eine andere merkwürdige Sitte können wir an Mumien von der 21. Dynastie an beobachten. Die Balsamierer legten manchmal Zwiebeln auf die Brust von Mumien, häufiger aber noch an die Beine und vor allem unter die Fußsohlen. So war an der Mumie in der Apotheke von Breslau eine Zwiebel unter der Sohle des rechten Fußes befestigt, eine von Hadley 1763 untersuchte Mumie hatte sogar unter beiden Fußsohlen Zwiebeln.[78]

Für diese merkwürdige Sitte muß es einen religiös-magischen Grund gegeben haben, doch bisher fand man noch keinen Hinweis in den religiösen Texten. Die einzige Erwähnung von Zwiebeln im Zusammenhang mit religiösen Handlungen bezieht sich auf das Sokar-Fest. An diesem Tage sollte man sich beim Festumzug Zwiebeln um den Hals hängen.

Und tatsächlich findet man auch Zwiebelschalen am Hals einer Mumie und zwar wiederum bei Ramses II.[79] In diesem Fall sind es allerdings nicht die Schalen der normalen Küchenzwiebel, sondern des Narzissengewächses Tazette *(Narcissus tazetta L.)*. Ebenfalls eine Narzissenzwiebel fand man auf der Brust einer weiblichen Mumie.

Aber mit der Verwendung von Küchen- und Narzissenzwiebeln war der Ideenreichtum der ägyptischen Balsamierer noch nicht erschöpft. Im Sudan wachsen wunderschön blühende Crinum-Arten, die zu den Amaryllisgewächsen gehören. Auch sie bilden Zwiebeln aus. Schalen von solchen Zwiebeln hatte man bei der

Mumifizierung der Nes-Chonsu, Frau des Hohenpriesters des Amun in Theben, auf die Augen, Nase, Mund und über den Einschnitt in der Bauchdecke gelegt.[80]

Man sieht, daß die genaue Untersuchung der Mumien viele interessante Einzelheiten zu Tage bringen kann und Merkwürdigkeiten aufzeigt, für die wir bisher noch keine Erklärung haben.

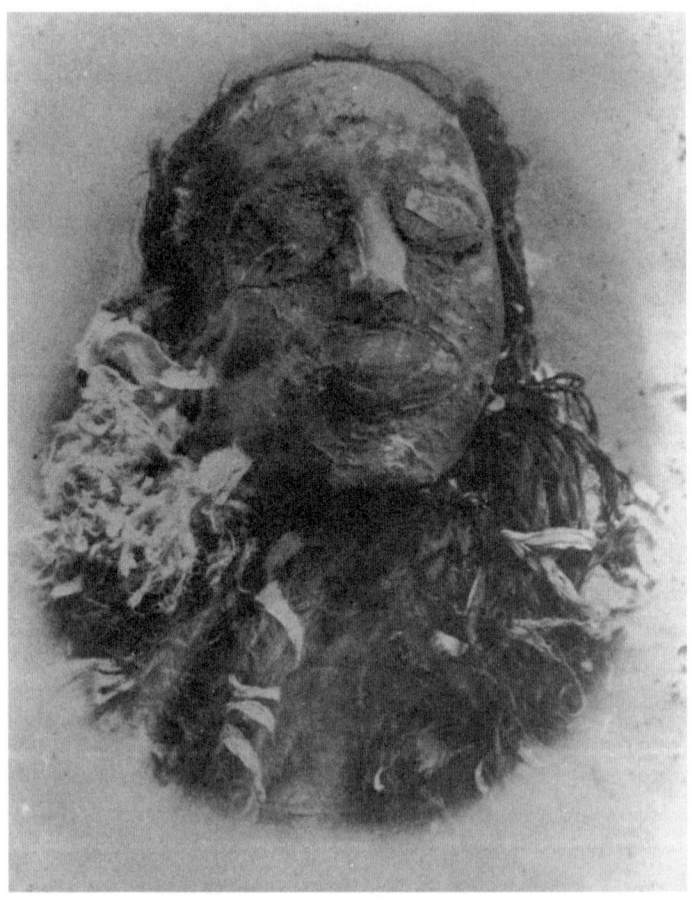

Mumie der Nes-Chonsu mit Crinum-Zwiebelschalen auf Augen, Nase und Mund

Herzskarabäus des Ptahmose, 18. Dynastie

Magischer Schutz für die Mumie

Nachdem nun die Mumie fertiggestellt war, also der Körper durch Austrocknen konserviert, mit Salbölen behandelt und
duftenden Pflanzenprodukten versehen, konnte er eingewickelt
werden. Ganz wichtig war dabei aber, daß die Mumie auch mit
dem benötigten magischen Schutz versehen wurde.

Nach den Anweisungen im Balsamierungsritual[56] sollten während der Arbeit des Einwickelns der Mumie heilige Sprüche auf-
gesagt werden. Ob das allerdings auch immer ausgeführt wurde,
erscheint recht zweifelhaft. Um aber die Mumie auf jeden Fall
mit magischem Schutz zu versehen, legten die Balsamierer zahlreiche Amulette in und auf die Mumie, die sie dann mit einwik-
kelten.

Am wichtigsten war der sogenannte Herzskarabäus, ein Käfer
aus Hartgestein oder Fayence, der manchmal sogar einen Men-
schenkopf haben konnte.

Das Herz hatte die Aufgabe, beim Totengericht im Jenseits über
die sittliche Reinheit des Verstorbenen auszusagen. Zwar wurde

es bei der Mumifizierung meist im Körper belassen; um aber ganz sicher zu gehen, daß das Herz auch die richtigen Worte fand, schrieb man sie vorsichtshalber auf die Bauchseite eines Herzskarabäus und legte ihn in oder auf die Mumie. Dieser Text ist der Spruch 30 aus dem Totenbuch:

«O Herz, das ich von meiner Mutter habe, o Herz, das zu meinem Wesen gehört, tritt nicht gegen mich als Zeuge auf, bereite mir keinen Widerstand vor dem Richter, widersetze dich mir nicht vor dem Wagemeister. Du bist mein Geist, der in meinem Leib ist ... sage keine Lügen gegen mich bei dem Gotte.»[81]

In der 21. Dynastie war es Sitte, die Eingeweide – zu vier Paketen verschnürt – wieder in den Körper zurückzulegen. Oftmals wickelte man dann in jedes Paket eine kleine Figur des Horussohnes mit ein, der für den Schutz des jeweiligen Organes zuständig war. Diese Figuren waren aus Kupfer, Fayence oder Wachs gefertigt.

In späteren Zeiten, als die Eingeweide wieder in Kanopengefäßen aufbewahrt wurden, nähte man kleine Fayence-Figuren der vier Horussöhne außen auf die Mumie.

Um die Mumie nach der Entnahme der Eingeweide wieder «unversehrt» zu machen, verschlossen die Balsamierer den Einschnitt mit einem plattenartigen Amulett mit der Abbildung eines Udjat-Auges (= das «heile» Auge).

Aber das genügte noch nicht als magischer Schutz. Vorsichtshalber wickelte man eine große Menge der verschiedensten Amulette mit ein, deren magische Bedeutung uns auch heute vielfach noch nicht bekannt ist. Diese Amulette waren Götterfigürchen, Göttersymbole, Herrschaftszeichen wie Kronen und Zepter, Skarabäen, Udjat-Augen sowie vieles andere mehr.

Besonders reich ausgestattet mit Amuletten hatte man die Mumie des Djed-Hor aus der 30. Dynastie. Ein Satz Amulette war außen auf die fertige Leinenwicklung der Mumie genäht, ein

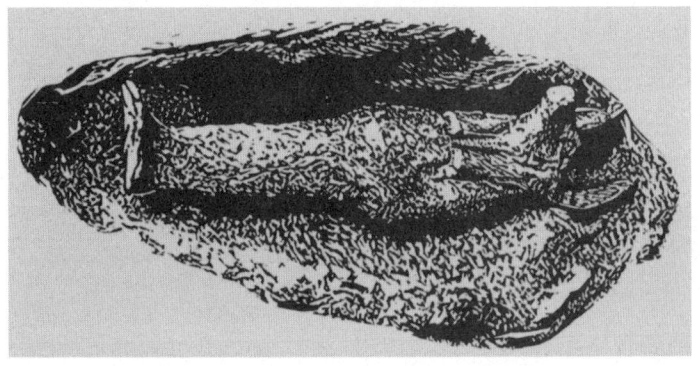

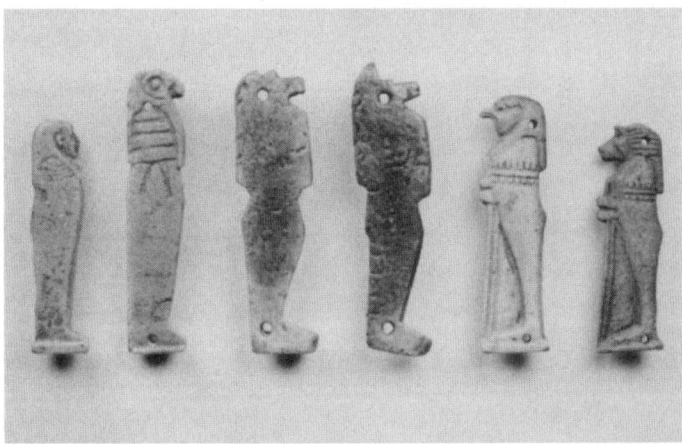

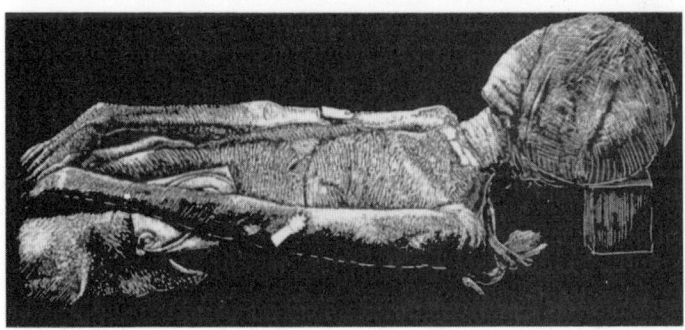

Oben: Eingeweidepaket mit dem Magen und einer Wachsfigur des Duamutef, 21. Dyna-
stie. Mitte: Fayence-Horussöhne als Mumienbeleg, Spätzeit. Unten: Mumie der 21. Dyna-
stie mit Amulettplatte über dem Mumifizierungsschnitt

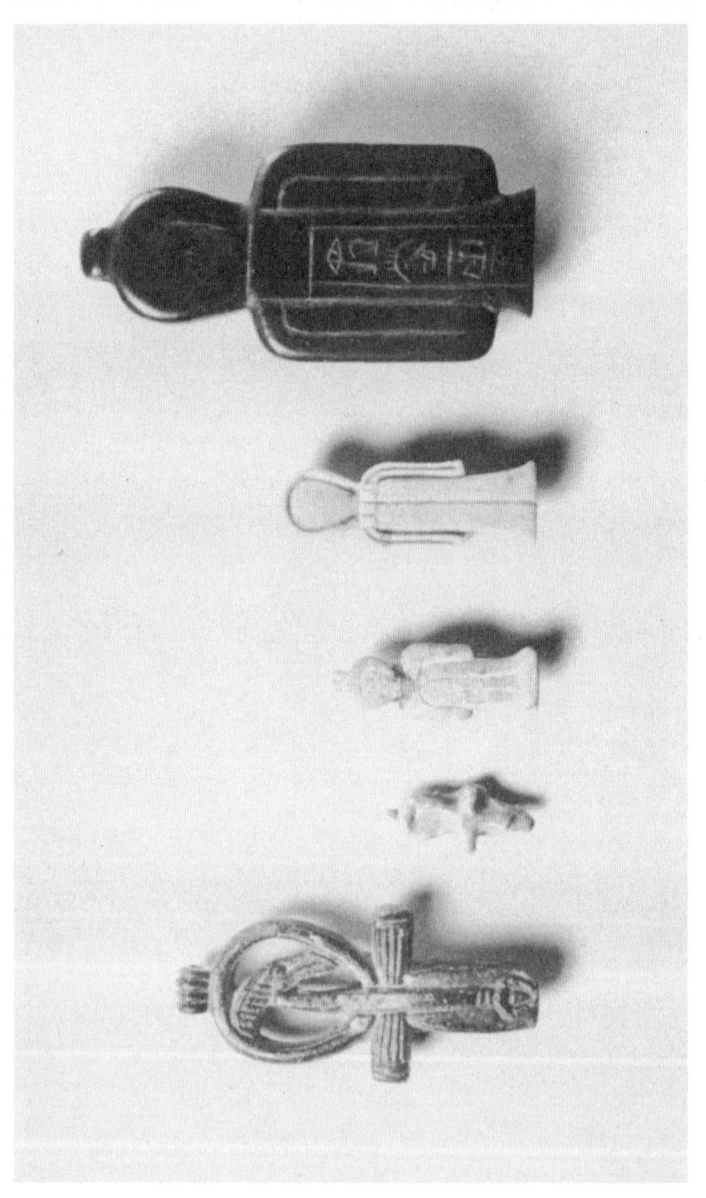

Fayence-Amulette von Mumien

zweiter Satz auf eine tiefer liegende Bindenschicht. Insgesamt enthielt die Mumie 87 Amulette.[82]

Eine weitere wichtige Versorgung für den Toten war im Neuen Reich die Mitgabe eines Papyrus, des sogenannten Totenbuches. Es konnte in Figuren oder Kästen verpackt zur Grabausstattung gehören. Um aber ganz sicher zu sein, daß der Verstorbene dieses Totenbuch auch immer zur Hand hatte, legte man es oftmals auch auf die Mumie und wickelte es mit ein.

Das Totenbuch ist eine Sammlung von Sprüchen, die der Verstorbene auf seinem Weg im Jenseits benötigte. Ein zentraler Bestandteil des Totenbuches war die Darstellung des Totengerichtes. Dabei wird das Herz des Toten gegen das Symbol der Wahrheit, eine kleine Figur der Göttin Maat, aufgewogen. Auf dieses Wägen des Herzens bezieht sich ja auch der oben erwähnte Spruch auf den Herzskarabäen. Diese auf Papyrus geschriebenen Totenbücher, die oftmals kunstvoll gemalte Darstellungen enthalten, waren anscheinend recht teuer, und so begnügte man sich in manchen Fällen darauf, die benötigten Sprüche direkt auf die leinenen Mumienbinden zu schreiben.

Darstellung des Totengerichtes auf einem Papyrus des 2. Jh. v. Chr.   117

Mit allen diesen magischen Amuletten und Spruchsammlungen versehen, konnte der Körper des Verstorbenen nun für die Bestattungsfeierlichkeiten an seine Familie zurückgegeben werden.

Mumienbinden, eine Fundgrube für Textilspezialisten

«Weh, wehe, ... ach dieser Verlust! Der gute Hirte ist zum Lande der Ewigkeit gegangen. Der du so viele Leute hattest, du bist nun im Lande, das das Alleinsein liebt! Der so gern die Füße öffnete zum Gehen, der ist nun eingeschlossen, eingewickelt und beengt. Der so viel feines Leinen hatte und so gern es anlegte, der schläft jetzt in abgelegten Kleidern von gestern.»[83]
Um eine Mumie wie in dieser Wehklage einzuwickeln, wurden große Mengen an Leinenbinden und Tüchern gebraucht. Für diesen Zweck stellten Weber nun nicht extra Mumienbinden her, sondern man benutzte dafür alte, ausrangierte Textilien. Es muß damals in jedem Haushalt eine Kiste gegeben haben, in der nicht mehr brauchbares Leinen gesammelt wurde, um im Falle des Todes eines Familienmitgliedes ausreichend Vorräte für seine Mumienbinden zu haben.

Dies war nicht nur in privaten Haushalten so, sondern auch im Königspalast. So wurden dann auch beim Auswickeln der Mumie Sethos' II. Teile von mehreren Hemden, aber auch zwei noch vollständige feine Musselin-Hemden gefunden. In eines der Hemden war die Kartusche Merenptahs eingestickt und ebenfalls mit Tinte eingezeichnet. Es handelt sich dabei also um ein Kleidungsstück, das Merenptah einst trug und das später dazu benutzt wurde, die Mumie seines Sohnes Sethos' II. einzuwickeln.[84]
So sind die Leinenbinden, die beim Auswickeln einer Mumie anfallen, eine Fundgrube für jeden Textilspezialisten. Aus ihnen

kann er Garderobeteile wie Schurze oder kurze und lange Hemden rekonstruieren und die verschiedenen Web- und Nähtechniken untersuchen. Die Ägypter haben ihre Textilien gestopft, bestimmte Saumnähte verwendet und viele Teile mit einem Fransenabschluß versehen.

Groß war die Überraschung der Textilfachleute, als auch bunte Textilreste an Mumien gefunden wurden. Nach den Grabmalereien war man eigentlich davon ausgegangen, die Ägypter hätten sich nur in rein weißes Leinen gekleidet. Doch die Mumienbinden belehren uns eines anderen.

Bereits um 2000 v. Chr. haben die Ägypter angefangen, ihr Leinen rot und gelb zu färben. Zuerst benutzten sie dafür Mineralfarben, rotes und gelbes Eisenoxid.

In der 18. Dynastie beherrschten sie dann auch bereits die Technik der Textilfärberei mit Pflanzenfarbstoffen. Mit den Blüten der Färberdistel Saflor *(Carthamus tinctorius L.)* färbten sie rot, rosa und gelb, mit Akazienschoten braun, Krapp *(Rubia tinctorium L.)* ergab ein kräftiges Rot, und eine indigohaltige Pflanze lieferte den blauen Farbstoff.[85]

Die so eingefärbten Fäden verarbeiteten die Ägypter zu roten und rosafarbenen Tüchern, um darin ihre Toten zu bestatten. In der 21. Dynastie und später bevorzugten die Balsamierer ein rotes oder rosafarbenes Leinentuch als äußersten Abschluß einer Mumienwicklung, wie wir es auch auf den Abbildungen sehen. Auf den Särgen ist oftmals am Fußende der Apis-Stier abgebildet, der auf seinem Rücken die Mumie trägt. Diese ist von einem roten Tuch bedeckt.

Aus den Mumienbindenstreifen läßt sich erkennen, daß die Ägypter im Neuen Reich ihre hemdartigen Kleider am Rande besonders gerne mit blau-rot gestreiften Abschlüssen versahen und auch das naturfarbene Leinen mit bunten Fäden bestickten.

Mumienbinde mit blau-roter Webkante, 21. Dynastie

Die Untersuchung der Mumienbinden zeigt also, daß wir uns die Garderobe der Ägypter viel farbenfroher und bunter vorstellen müssen, als man nach den Grabmalereien vermuten würde.

Blumenschmuck

Es ist eine alte Sitte, dem Verstorbenen als letzten Gruß kunstvoll gebundenen Blumenschmuck mitzugeben. In Ägypten kann man sie schon in der Mitte des 2. Jahrtausends v. Chr. beobachten. In der 18. Dynastie sehen wir zum ersten Mal, wie die Mumien oder auch die Särge mit aufwendig gearbeiteten Girlanden bedeckt sind. Diese Blumengebinde haben sich wegen der geringen Luftfeuchtigkeit in den Gräbern oft erstaunlich gut erhalten, und es ist heute noch möglich, ihre einzelnen Bestandteile botanisch zu bestimmen. Dadurch können wir genau erfahren, welche Blumen und Bäume einst in den ägyptischen Gärten wuchsen.

Die Gärtner hatten in pharaonischer Zeit eine besondere Technik entwickelt, wie sie die kunstvollen Blumengebinde herstellten – eine andere, als wir sie heute kennen.

Das Grundgerüst einer Girlande bildeten einige Blattstreifen der Dattelpalme. Um diese herum faltete der Gärtner grüne Laubblätter, in die er einzelne Blütenblätter oder Blüten an längeren Stielen eingelegt hatte. Mit einem dünnen Palmblattstreifen nähte er dann jedes grüne Blatt einzeln fest.

Die Ägypter waren ein farbenliebendes Volk, und an diesen Blumengewinden kann man den Einfallsreichtum bewundern, den sie entwickelten, um möglichst farbenprächtige, bunte Girlanden herzustellen.

Den grünen Bestandteil der Girlanden bildeten Laubblätter des einheimischen Mimusops-Baumes, der heute nicht mehr in Ägypten wächst. Weiterhin nahm man Ölbaum-, Weiden- oder Granatapfelbaumblätter. Als Blütenanteil waren besonders beliebt die Kornblume und gelbe Chrysanthemen sowie Akazienblüten. Oftmals wurden auch nur einzelne Blütenblätter des Blauen oder Weißen Lotus und roten Klatschmohnes verarbeitet.

Hatte man nun die einzelnen Girlandenstreifen fertiggestellt, wurden ihre Enden so zusammengefaßt, daß ein aus untereinander liegenden Blütenreihen bestehender Mumienschmuck entstand. Die Sitte, die Mumien mit Blumengirlanden zu schmük-

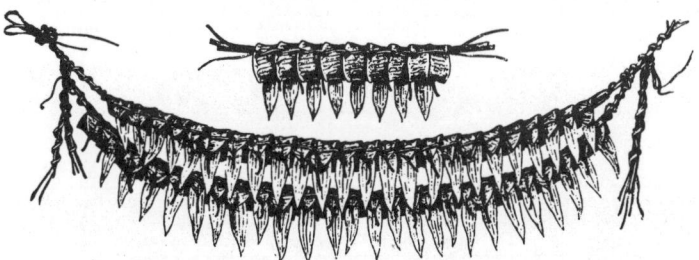

Girlandenstreifen von der Mumie Ramses' II. aus grünen Mimusopsblättern und Blütenblättern des Blauen Lotus

ken, war in allen Bevölkerungsschichten gleich vertreten; wir finden sie an ärmeren sowie reicheren Bestattungen und auch an den Pharaonenmumien.

Bei der Grablegung des Tutanchamun hatte man allerdings nicht die Mumie selbst mit Blumengewinden geschmückt, sondern diese lagen auf den einzelnen Särgen. Noch immer berührt uns heute der Anblick der kleinen Blumenkränze, die bei der Öffnung der Särge am äußersten und mittleren um die Königsinsignien Uräus und Geier an der Stirn hingen. Sie waren aus Ölbaumblättern mit Kornblumen und blauen Lotusblütenblättern gefertigt.

Mittlerer Sarg des Tutanchamun mit Blumenschmuck auf dem bedeckenden Leinentuch

Blütenkragen auf dem Goldsarg des Tutanchamun   123

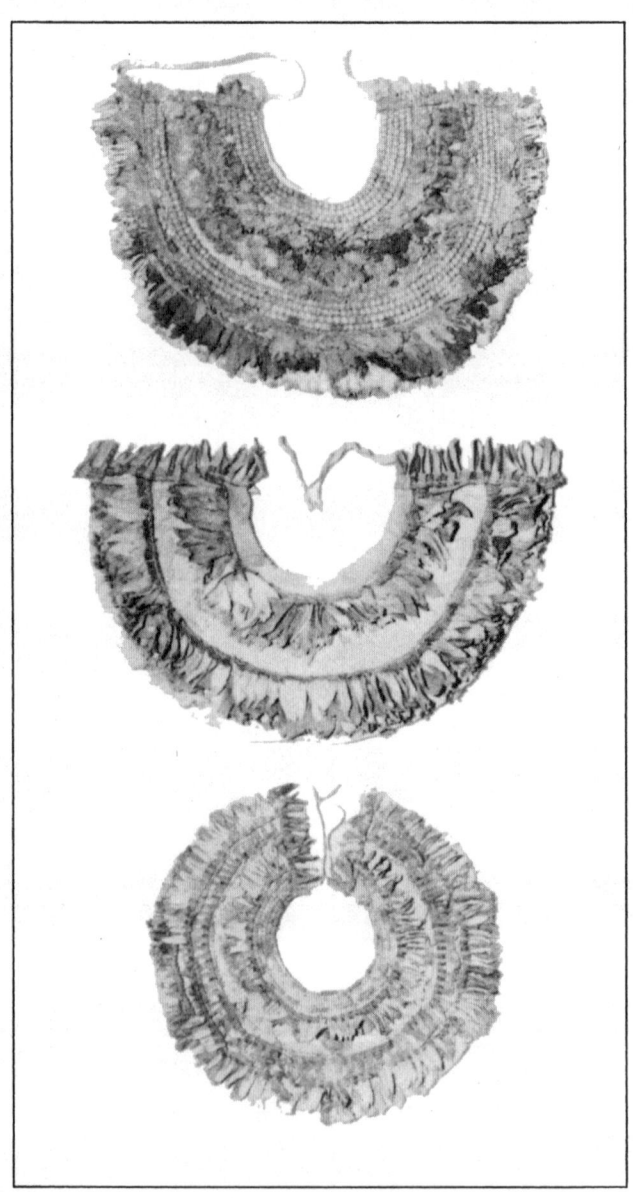

Blütenhalskragen von der Bestattungsfeier des Tutanchamun

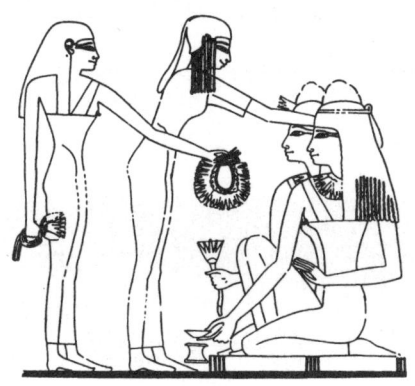

Dienerinnen schmücken Festgäste mit Blumenhalskragen

Auf der Brust des mittleren Sarges lagen lange Girlandenstreifen aus Ölbaum-, Weiden- und Sellerieblättern mit Kornblumen und Lotusblüten. Aus den Blühdaten der Blumen kann man rekonstruieren, daß die Bestattung des Tutanchamun im Februar bis Mitte März stattgefunden haben muß.

Eine Besonderheit des Blumenschmuckes von Tutanchamun ist allerdings der große Blütenkragen, der auf dem innersten, dem Goldsarg lag. Kragen dieser Art findet man sonst nicht auf Mumien. Blütenkränze, die man um den Hals trug, kennen wir aber aus vielen Abbildungen in den Gräbern. Dort sieht man, wie Dienerinnen die Gäste, die am Festmahl zu Ehren des Verstorbenen teilnehmen, mit solchen Gebinden schmücken.

Von der Beisetzungsfeier des Tutanchamun sind uns sogar einige dieser Blütenhalskragen erhalten. Sie waren zusammen mit den Balsamierungsresten außerhalb des Grabes in einer Grube vergraben worden.

Für den Schmuck der Mumien nahm man aber üblicherweise keine Blütenhalskragen «en nature», sondern diese wurden in großer Farbenpracht auf den Sarg gemalt. Nur bei der Mumie des Tutanchamun hatten die Bestatter eine Ausnahme gemacht.

Die Herstellung eines solchen Blütenhalskragens ist recht kompliziert. Auf eine Unterlage aus Papyrus wurden in konzentrischen Kreisen Blätter, Blüten, Früchte und auch kleine, blaue, scheibenförmige Fayenceperlen aufgenäht. Ein rot gefärbter Leinenstreifen faßte den Halsausschnitt ein und diente gleichzeitig zum Befestigen am Hals.

Auch die Pflanzenbestandteile des großen Blütenkragens von Tutanchamun ließen sich noch botanisch bestimmen, und bei einer ersten Untersuchung kam eine kleine Sensation heraus: der Kragen enthielt Mandragorafrüchte.

Mandragora *(Mandragora officinalis L.)*, auch Alraune genannt, ist eine Pflanze, die bereits seit dem Altertum als Zauberpflanze bekannt ist. Vor allem ihre Wurzel diente als Liebeszaubermittel, und nun fanden sich diese Früchte bereits an der Mumie des Tutanchamun!

Nach der Veröffentlichung dieses ersten botanischen Vorberichtes wurde es allerdings etwas leiser um die Alraune. Im Endbericht des Botanikers Boodel von den Royal Botanic Gardens Kew in England erschienen keine Alraunenfrüchte mehr. Zuerst waren nämlich auch in Körben gefundene Früchte als Mandragora bestimmt worden, die sich später als ganz normale, einheimische Mimusops-Früchte herausstellten. Nun liegt es natürlich nahe, daß auch Mimusops-Früchte auf den Kragen genäht waren und keine Liebeszauberfrüchte. Leider läßt sich aber heute diese botanische Bestimmung nicht mehr überprüfen, weil ausgerechnet diese Bestandteile des Kragens zerfallen sind.[86]

Aber nicht nur von der Mumie des Tutanchamun ist uns der Blumenschmuck erhalten, sondern auch von vielen Pharaonenmumien aus den beiden Sammelverstecken. Diese stammen allerdings nicht von den ursprünglichen Bestattungen der Könige. Die Grabräuber hatten die Mumien so stark beschädigt, daß sie vollkommen neu eingewickelt werden mußten. Goldschmuck legten die Priester ihnen nun nicht mehr in den Sarg, aber zahlreiche Blumengirlanden.

Als E. Brugsch 1881 die Särge der Könige aus der Royal Cachette von Deir el Bahari nach Kairo brachte und 1898 die aus dem Grab von Amenophis II. folgten, kam auch der Blumenschmuck mit ins Museum. Es ist der große Verdienst des Botanikers und Afrika-Forschers Georg Schweinfurth, daß er sich dieser zerbrechlichen Objekte annahm.

Schweinfurth identifizierte die einzelnen Pflanzenbestandteile, präparierte und befestigte die Girlandenstücke auf einer Pappe hinter Glas. Diese «Blumenbilder» verschenkte das Ägyptische Museum Kairo an fast alle ägyptischen Sammlungen der Welt. Ein großer Anteil aber verblieb in Schweinfurths eigener Sammlung im Botanischen Museum in Berlin-Dahlem, wo man noch heute 3000 Jahre alten königlichen ägyptischen Blumenschmuck bewundern kann.

Mumie Amenophis' I. mit Blumengirlanden (1881)

*Girlandenstück von der Mumie Amenophis'I. aus Weidenblättern und gelben Nil-Aka-
zienblüten*

Nach langer Vorbereitung – die Bestattung

Üblicherweise dauerte die Vorbereitung eines Begräbnis-
ses vom Tage des Todes bis zur Bestattung im Grab 70 Tage. Dabei fielen auf die Herstellung der Mumie selbst allerdings nur 40
Tage, die übrige Zeit wurde wohl benötigt, um alle Vorbereitun-
gen für das Begräbnis zu treffen.

Das Grab selbst war entweder als Familiengrab schon vorhanden, oder man hatte mit seinem Ausbau bereits vor längerer Zeit
begonnen. Jetzt mußte es schnell fertiggestellt und die Grabbeigaben herbeigeschafft werden, die den Verstorbenen begleiten
sollten.

Andererseits mag die Festsetzung einer Frist von 70 Tagen auch
religiöse Gründe gehabt haben, denn dieser Zeitraum entspricht
dem Erscheinen und Wiedererscheinen der Gestirne Sothis und
den Dekanen am Nachthimmel.

Transport des mumienförmigen Sarges und der Grabbeigaben zum Grab, 18. Dynastie

70 Tage waren also seit dem Eintritt des Todes vergangen, dann versammelten sich die Familie und die Freunde des Verstorbenen und zogen gemeinsam die Mumie im Sarg auf einem Schlitten durch den Sand zum Grabeingang. Sie trugen auch die Grabbeigaben: kleine Dienerfiguren, Uschebtis genannt, die für den Verstorbenen im Jenseits Arbeiten verrichten sollten, Schmuckstücke, Kästen mit Textilien und Fächer.

Vor dem Grabeingang, an dem eine Stele mit Inschriften steht, die Opferformeln und genauere Angaben über den Grabinhaber enthalten, wird die Mumie aufgerichtet.

Bestattungsrituale am Grabeingang, 19. Dynastie

Der Balsamierungspriester mit der Maske des schakalköpfigen Anubis, der Schutzgott der Balsamierung, umfaßt die stehende Mumie, während die Angehörigen noch eine letzte Möglichkeit des Abschiednehmens haben.

Hier, vor dem Grab, führen die Priester jetzt die wichtigen Rituale durch. Der Vorlesepriester zitiert die nötigen Sprüche aus einer Papyrusrolle. Der Sempriester mit dem Leopardenfell, meist der älteste Sohn, räuchert, und ein weiterer Priester mit Leopardenfell führt das Ritual des Zerbrechens der Krüge durch. Die entscheidende Handlung aber ist das sogenannte

Mundöffnungsritual. Dabei wird die Mumie mit einem Dechsel magisch belebt.

Der Körper kann jetzt auf ewig Ruheplatz der Seele sein. Doch aus dieser ewigen Ruhe wurde meist nichts. Oftmals schon bald nach den frommen Bestattern kamen die Grabräuber, um nach kostbaren Grabbeigaben zu suchen. Ihnen folgten dann die Mumiensammler, um den Bedarf an Mumia-Heilmittel zu decken, und später die Archäologen. Was an Mumien nicht zerstört wurde, landete in den Ägyptischen Museen, wo sie als Kuriosa eingestuft wurden. Doch dann interessierten sich die Naturwissenschaftler für sie. In enger Zusammenarbeit mit ihren Ägyptologen-Kollegen wurden die Mumien ein zweites Mal «wiederbelebt», nicht durch ein Mundöffnungsritual, sondern durch naturwissenschaftliche Untersuchungen. Jetzt berichten die Mumien über ihre damaligen Lebensbedingungen und oftmals auch über ihr eigenes, persönliches Schicksal.

Mit den Mumien von zwei Brüdern fing es an – die multidisziplinäre Forschung

Südlich des heutigen Assiut liegen die Felsgräber von Deir Rifeh der 12. Dynastie. Dort fand Ernest Mackay 1905 ein kleines Grab, vollgestopft mit zwei Särgen und Objekten der Grabausrüstung. Der vollständige Inhalt des Grabes, die Bestattung von zwei Männern, Chnum-Nacht und Nechet-Anch, kam nach Manchester. Die Särge mit den Mumien, ein Kanopenkasten, zwei Modellboote, Statuetten und Gefäße sind heute eine besondere Attraktion des Manchester-Museums.

Nach dem Eintreffen der Funde in Manchester wollte die Ägyptologin und Kuratorin des Museums, Margaret A. Murray, sie nicht einfach in eine Vitrine stellen, sondern auch wissenschaft-

Anubismaske aus gebranntem Ton für einen Totenpriester (600–400 v. Chr.)

Särge der «Zwei Brüder», Mittleres Reich

Margaret Murray beim Auswickeln der Mumien der «Zwei Brüder» (1907)

lich bearbeiten. Sie sah die großen Möglichkeiten, welche die Untersuchung einer vollständigen Grabausrüstung aus dem Mittleren Reich bot, aber auch die vor ihr liegenden Schwierigkeiten. So bemühte sie sich um die Unterstützung der Kollegen anderer Fachrichtungen, und gemeinsam machte man sich an die Arbeit, die auch ein Auswickeln der Mumien der beiden Männer mit einschloß, die in einem sehr schlechten Erhaltungszustand waren.

Die anatomische Untersuchung der Mumien zeigt deutlich extreme Unterschiede in der Schädelform und dem Körperbau zwischen den beiden Männern. Dem steht die Aussage der Inschriften auf den Särgen gegenüber, daß die Männer von der gleichen Frau mit Namen Chnum-Aa geboren seien.

Aber selbst die Möglichkeit, daß es sich um Halbbrüder handelt,

133

ist nach dem anatomischen Befund sehr unwahrscheinlich. Wir können deshalb nur vermuten, daß die ägyptische Angabe betreffs der Mutter «jr n nb(.t) pr Ḫnm ᶜ3 – gemacht von der Hausfrau Chnum-Aa» sich auch auf Adoptivkinder beziehen kann.

Mit Murray arbeiteten mehrere Chemiker zusammen. Sie untersuchten das Mumiengewebe auf Substanzen, die man für die Mumifizierung verwendet hatte, und auch die Mumienbinden. Dabei stellte sich heraus, daß zum ersten Mal gefärbte Textilien für das Mittlere Reich nachgewiesen werden konnten. Im Kapitel über die Mumienbinden wurde dies bereits erwähnt.

Aber mit diesen schon sehr eindrucksvollen Ergebnissen ihrer Arbeit begnügte sich Margaret Murray nicht. Botaniker untersuchten das Holz der Särge und die mit in das Grab gegebenen belaubten Zweige. Ein Zoologe bestimmte die in der einen Mumie mit eingewickelten Käfer, und ein Textilspezialist bearbeitete die Spinn- und Webtechnik im Mittleren Reich anhand der Leinenbinden.[87]

Margaret Murray zeigte bereits 1907, welche interessanten Ergebnisse multidisziplinäre Mumienforschung erbringen kann. Aber erst 1975 erhielt sie bei diesen Forschungen eine Nachfolgerin mit der Ägyptologin A. Rosalie David.

Rosalie David konnte ihrerseits in Manchester eine Gruppe von Spezialisten für die Untersuchungen von Mumien interessieren, die jetzt mit modernsten naturwissenschaftlichen Methoden den Geheimnissen der altägyptischen Mumien auf den Grund gehen wollten. Das «Manchester Mummy Team» untersuchte die Mumien der ägyptischen Sammlung in Manchester und wickelte eine Kindermumie der römischen Zeit aus.

Zu dem Team gehörten Spezialisten der unterschiedlichsten Fachrichtungen: Radiologie, Histologie, Chemie, Zoologie, Textilfachkunde und natürlich auch Ägyptologie. Weiterhin erfolgte eine C^{14}-Datierung und eine Gesichtsrekonstruktion.[88]

Gleichzeitig mit dem Manchester-Mummy-Projekt fanden sich auch in anderen Ländern, z. B. den USA, Kanada und Frankreich, multidisziplinäre Forschergruppen zusammen, um so viele Informationen wie möglich bei der Untersuchung von Mumien zu gewinnen.

Der große wissenschaftliche Erfolg dieser Einzelarbeiten wird jetzt langsam deutlich, da wir damit beginnen können, die Ergebnisse zusammenzufassen. Die Mumienforschung erlaubt uns, in viele Bereiche des altägyptischen Lebens Einblick zu nehmen, die uns die Texte in den Papyri oder an den Grabwänden allein nicht erschließen.

Umwelt und Lebensbedingungen im alten Ägypten

Es ist oftmals sehr schwierig, sich aus den archäologischen Funden, Textquellen und Darstellungen ein genaues Bild der Lebensbedingungen der einzelnen Bevölkerungsschichten zu machen. Um diese zu erforschen, ist es wichtig, so viele Informationsquellen wie nur möglich auszuschöpfen. Für Ägypten sind eine dieser Quellen die Mumien.

Durch die große Anzahl der bisher untersuchten Mumien wird deutlich, daß sich die gesundheitlichen Bedingungen im pharaonischen Ägypten nicht grundlegend von denen der heutigen Landbevölkerung unterscheiden. Viele der heute auftretenden Krankheitsbilder können wir an Mumien auch schon für das alte Ägypten nachweisen.

Die Staublunge

Jeder Ägyptenreisende, der einmal einen Sandsturm miterlebt hat, weiß, wie der feine Sand überall eindringt, in die Poren der Haut, in Nase, Mund, Ohren, und natürlich atmet man auch reichlich Sand mit ein. Als Folge dieser Sandstürme ist bei heutigen Wüstenbewohnern manchmal eine Schädigung des Lungengewebes durch feinste Sandpartikel, eine Pneumokoniose, festzustellen.

Und so ist es eigentlich nicht überraschend, daß es dem Histologen E. Tapp gelang, an altägyptischem Lungengewebe auch eine Pneumokoniose nachzuweisen, und zwar an Material von Nechet-Anch, einem der oben erwähnten «Zwei Brüder» aus Deir Rifeh, jetzt im Manchester-Museum.[89]

Bei der Mumifizierung hatten die Balsamierer das entnommene Lungengewebe von Nechet-Anch in einem Kanopenkrug verwahrt. Tapp gelang es, das Gewebe zu rehydrieren und histologische Schnitte davon anzufertigen. Unter dem Elektronenmikroskop wurden dann feinste Sandpartikel sichtbar, die am Lungengewebe Schäden verursacht hatten. Eine 4000 Jahre alte Staublunge war identifiziert.

Kohlenstaublunge

In mehreren Mumien wurden im Lungengewebe starke Ansammlungen von Ruß bemerkt, bei Kindern wie bei Erwachsenen.[90] Dies wird sicherlich vor allem bei Berufsgruppen der Fall gewesen sein, die mit der Belüftung von Feuerstellen zu tun hatten wie beim Herstellen von Holzkohle und Brennen von Tongefäßen. Auch die Metallarbeiter waren sicherlich davon betroffen, denn bei der Metallschmelze wurde mit Rohren in das Feuer geblasen, um die benötigten hohen Temperaturen zu erreichen.

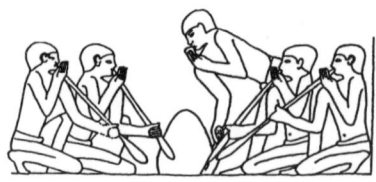

Metallschmelzer mit Blasrohren am Schmelzofen

Die Texte erwähnen ebenfalls die schlechten Arbeitsbedingungen an den Öfen:
«Der Heizer – seine Finger sind faulig, und sein Geruch ist wie der von Leichen. Seine Augen sind entzündet wegen der Menge des Rauches. Nicht kann er seinen Schmutz loswerden, obwohl er den Tag am Schilfteich verbringt. Seine Bekleidung ist ein Ekel für ihn.»[91]

Hungersnöte im Niltal

«Es kamen Hungerjahre. Da bestellte ich alle Äcker des Antilopengaues bis zu seiner südlichen und nördlichen Grenze. Ich erhielt seine Bewohner am Leben, ich schaffte ihre Nahrung, und es gab keinen Hungrigen in ihm.»[92]

Mit diesen Worten lobt sich der Gaufürst Ameni (12. Dyn.) selbst in seiner Grabinschrift in Beni Hassan, wie vorbildlich er für die Bewohner seines Gaues gesorgt habe.

Die Ernährung der Bevölkerung war abhängig von der jährlichen Nilüberschwemmung. Sie brachte sowohl das Wasser als auch den fruchtbaren Nilschlamm, die für die Bestellung der Felder nötig waren. Blieben die Nilfluten aus, konnte es zu Katastrophen kommen. Die Versorgung der Bevölkerung war aber ebenso gefährdet, wenn in Ägypten die Zentralmacht und somit die Verwaltung aus politischen Gründen zusammenbrach.

Von diesen Versorgungsproblemen erfahren wir aber nichts aus den Darstellungen. In den Gräbern sehen wir überquellende Opfertische, fett gemästete Rinder für die Opfer im Tempel, und auch die abgebildeten Personen, sowohl Dienerschaft wie Landarbeiter, sehen wohlgenährt aus.

Es gibt allerdings einige wenige Ausnahmen, wo wir in Darstellungen Personen in einem Stadium deutlicher Unterernährung sehen. Dies sind einmal Bedja-Hirten aus einem Grab vom Ende des Alten Reiches in Meir.[93]

Eine weitere Abbildung hungernder Menschen stammt ebenfalls aus dem Alten Reich, vom Aufweg zum Totentempel des
Königs Unas in Saqqarah. Sie zeigt in ungewöhnlich realisti-
scher Weise den erbärmlichen Gesundheitszustand von Bedui-
nen aus den angrenzenden Wüstengebieten.

Der Zweck dieser Darstellungen lag sicher darin, den großen
Unterschied zwischen dem reichen, wohlgeordneten Ägypten
und dem armen Ausland zu verdeutlichen, das seinen Bewoh-
nern keine ausreichende Versorgung bot.[94]

Diese Darstellungen vermitteln den Eindruck, in Ägypten hätte
es immer für alle Bevölkerungsschichten ausreichend Nahrung
gegeben und die sprichwörtlichen «Fleischtöpfe Ägyptens» wären immer gefüllt gewesen.

Doch schon die Texte widersprechen diesem Bild. Zu allen Zeiten finden wir, oftmals nur versteckt angedeutet, Hinweise auf
Hungersnöte.[95] Bekannt ist die biblische Geschichte von Josef,
der den Traum des Pharao deutet und nach sieben fetten Jahren
sieben magere Jahre, Hungerjahre, für Ägypten voraussagt. Bei
einer gut funktionierenden Zentralgewalt ließen sich sicherlich
einige Jahre mit schlechten Ernteerträgen durch Vorratswirt-
schaft überbrücken. In anderen Zeiten aber war die Verteilung
der Erträge so schlecht, daß manche Bevölkerungsschichten sich
nicht ausreichend ernähren konnten.

Bedja-Hirten mit deutlichen Zeichen einer Unterernährung, Meir, Ende Altes Reich

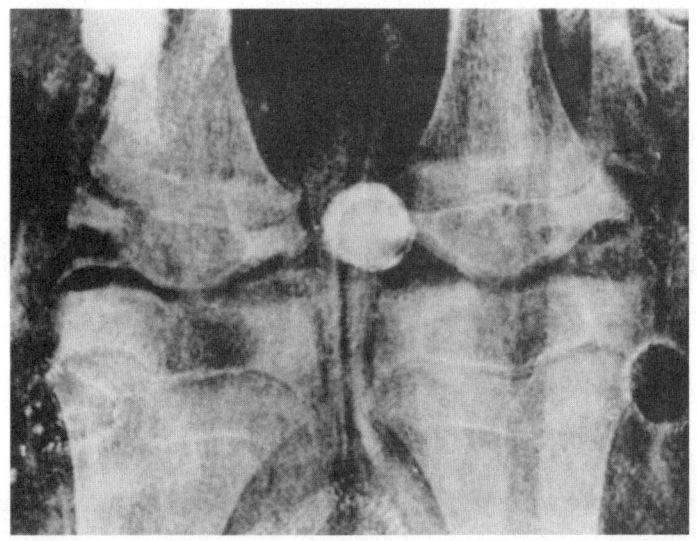

Röntgenbild einer Mumie des Manchester-Museums mit Harris-Linien

Dieser aus Textquellen erschlossene Mangel an Nahrungsmitteln wird auch durch die Untersuchung der Mumien bestätigt: Tritt in den Jugendjahren eines Menschen ein gravierender Fall von Unterernährung ein, so zeigt sich dies sehr deutlich an den Beinknochen in Form sogenannter Harris-Linien. Diese sind im Röntgenbild gut zu erkennen.

Harris-Linien haben nun ihre Ursache nicht nur in Hungersnöten, sondern sie können auch durch schwere Erkrankungen bedingt sein. Es ist aber auffallend, daß bei fast 30% der bisher untersuchten Mumien solche Harris-Linien vorliegen.[96] Dies zeigt doch ganz deutlich, zusammen mit der Aussage der Texte, daß viele Ägypter im Kindesalter oder in jungen Jahren keineswegs ausreichend ernährt und in keinem guten gesundheitlichen Zustand gewesen sind.

Parasiten, eine Geißel Ägyptens

Ein großes Problem der ägyptischen Umweltbedingungen sind auch heute noch die Parasiten. Ektoparasiten, also Tiere, die außen am Menschen Blut saugen, wie Flöhe, Läuse, Wanzen, Zekken oder Mücken, sind gefährliche Krankheitsüberträger. Sie sind aber bisher an Mumien noch nicht nachgewiesen worden. Das hat zwei Gründe. Einmal verlassen diese Tiere sofort einen Körper, wenn er abkühlt, zum anderen würde während der langen Zeit der Balsamierung auch der letzte Parasit abfallen. Man hat nur die Chance, Nissen, also die Eier von Läusen, noch in den Haaren festzustellen oder auch an Kämmen. Hier ist noch ein weites Arbeitsfeld für Archäo-Entomologen offen.

Daß diese kleinen Tierchen aber schon Plagegeister der alten Ägypter waren, berichten uns die Texte. Ein medizinischer Papyrus erwähnt ein Hausmittel, um Flöhe zu vertreiben:

«Anfang von den Hausmitteln, die man macht, um Flöhe im Haus zu beseitigen.

Du sollst das Haus besprengen mit Natronwasser, so daß sie sich entfernen.»

Ein anderes Heilmittel:

«Bb.t-Pflanze werde zerrieben auf Holzkohle, werde das Haus damit tüchtig bestrichen, so daß sie sich entfernen.»[97]

Die Kopflaus wird in einem Zauberspruch genannt.[98]

Wissen wir nur sehr wenig über Ektoparasiten, so sieht das anders bei Endoparasiten aus, also Tieren, die im Innern des menschlichen Körpers leben und so Krankheiten verursachen. Ein solcher Endoparasit ist der sogenannte Pärchenegel *Schistosoma*. Er verursacht die Bilharziose, die noch heute zu den vorrangigsten Krankheiten in Ägypten gehört. Dieser Egel lebt im Blut der Pfortader sowie den Darm- und Harnblasenvenen des Menschen. Er vermehrt und entwickelt sich über einen Wirtswechsel, der folgendermaßen abläuft:

Die Eier von Schistosoma werden vom Menschen mit dem Urin ausgeschieden. Gelangen sie ins Wasser, so entwickelt sich dort eine Larve, die in eine Wasserschnecke eindringt. In ihr entsteht eine Gabelschwanzlarve, die wieder in das Wasser zurückkehrt. Von dort kann sie sich in die Haut des Menschen bohren und in seinem Blutstrom heranreifen.

Die Bilharziose war auch im alten Ägypten eine weit verbreitete Krankheit. Vor allem Personen, die häufig am Ufer des Niles im Wasser wateten, wie Fischer und Papyruspflücker, waren von ihr betroffen. Genau diesen Personenkreis findet man dann auch mit deutlich dargestellten Symptomen einer Bilharziose-Erkrankung in den Gräbern des Alten Reiches abgebildet.

Diese Symptome sind ein bruchartig vorgewölbter Bauch, eine Vergrößerung des Skrotums und in einigen Fällen auch des Penis. Da die Ägypter sonst keine krankhaften Veränderungen in den Grabmalereien des Alten Reiches zeigen, müssen wir annehmen, man habe damals die Symptome der Bilharziose als übliches körperliches Merkmal dieser Personengruppe angesehen.

Papyruspflücker mit Symptomen einer Bilharziose-Erkrankung, Altes Reich

Auch die medizinischen Texte erwähnen die Bilharziose. Zwar kannte man noch nicht die Ursache, den winzigen Wurm im Blut, aber das Auftreten des wichtigsten Krankheitssymptoms, die Haematurie (Blutharnen), wird häufig genannt.

Bereits 1910 gelang es dann Ruffer, im Nierengewebe von zwei Mumien der 20. Dynastie Eier von Schistosoma nachzuweisen. Da aber an den meisten Mumien die Eingeweide, in denen sich die Parasiten festsetzen, entfernt sind, ist es recht schwierig, die Pärchenegel in Mumiengewebe zu finden.

So war es eine sehr günstige Voraussetzung, daß 1974 in Toronto die Mumie eines Jungen aus der 20. Dynastie untersucht werden konnte, dessen Körper keine Spuren einer Mumifizierung aufwies. An ihm waren alle Eingeweide erhalten. Der 14 bis 18 Jahre alte Junge hieß Nacht und war von Beruf Weber. Diese Handwerker hatten im alten Ägypten einen recht niedrigen sozialen Rang, was erklärt, daß sein Körper nicht aufwendig mumifiziert wurde. Die Lehre des Dua-Cheti[91] schildert recht eindrucksvoll die damaligen schlechten Arbeitsbedingungen der Weber:

«Der Weber ist in der Weberei, indem es ihm viel schlechter geht als einer Frau, denn die Knie stoßen gegen seinen Magen, und von ihm kann deshalb keine Luft geatmet werden. Wenn er den Tag ohne Weben vertut, wird er mit 50 Peitschenhieben geschlagen. Er muß dem Pförtner Lebensmittel geben, damit er ihn bei Tageslicht herausgehen läßt.»

Die genaue Untersuchung des Körpers dieses jungen Webers zeigte nun die traurige Tatsache, daß er zusätzlich zur Bilharziose-Erkrankung noch von weiteren Parasiten befallen war, von einem Bandwurm *(Taenia spec.)* und der Trichine *(Trichinella spiralis)*.[99]

Bei anderen Mumienuntersuchungen wurden in den letzten Jahren noch weitere Wurmparasiten identifiziert: Fadenwürmer

(Stronguloides), der Guineawurm *(Dracunculus medinensis)*und der Spulwurm *(Ascaris)*.[100] Alle diese Parasiten treten auch heute noch bei der ägyptischen Landbevölkerung auf.

Nun gibt uns die Feststellung der Parasiten, die einst die Menschen befallen hatten, nicht nur Einblick in ihre gesundheitlichen Belastungen, sondern wir erfahren daraus auch etwas über ihre Ernährung.

Ausgehend von den Erzählungen Herodots[101] – «Das Schwein halten die Aigyptier für ein unreines Tier» – glaubte man, die Ägypter hätten kaum Schweine gegessen. Dazu paßt auch, daß wir Schweineherden nur sehr selten in Gräbern dargestellt finden.

Aber schon die Textquellen geben uns ein anderes Bild. In den Tauschabrechnungen der Arbeiter von Deir el Medineh werden Schweine genannt, so waren ein Schwein, zwei Ziegen, Holz und Kupfer die Bezahlung für einen Sarg, und in der Arbeiter-Siedlung von Amarna grub man kürzlich Schweineställe aus und identifizierte unter den Abfällen zahlreiche Schwerknochen.

Jetzt hatte man noch, wie oben erwähnt, in der Mumie des Nacht Trichinen entdeckt, ein Parasit, der durch den Genuß von Schweinefleisch übertragen wird. So waren wohl Schweine als gute Abfallverwerter gerade in den Arbeiter-Siedlungen sehr beliebt.[102]

Erst aus der Zusammenarbeit von Ägyptologen, Zoologen und Mumienforschern gelingt es, die Umwelt- und Lebensbedingungen der Bevölkerung im Niltal vor einigen Jahrtausenden zu rekonstruieren. Die Menschen hatten mit zahlreichen Krankheiten zu kämpfen, teilweise verursacht durch die Umwelt- und Arbeitsbedingungen. Hinzu kamen oftmals noch Unterernährung und die Krankheiten des einzelnen, von denen die medizinischen Papyri uns einen breiten Überblick geben. Einfach war das Leben sicher nicht immer gewesen, und als weitere Geißel der Menschen im pharaonischen Ägypten kamen auch noch die Seuchen hinzu.

Seuchen

Über große Epidemien und Seuchen schweigen die ägyptischen Quellen fast vollständig. Daraus darf aber nicht geschlossen werden, daß es keine gegeben hat. Es gibt einen ägyptischen Text, der uns ein anderes Bild vermittelt: die sogenannten «Klagen eines ägyptischen Weisen».[103] Sie beschreiben sehr eindrucksvoll die katastrophalen Zustände, die in Ägypten nach dem Zusammenbruch des Alten Reiches geherrscht haben. Dort heißt es:

«Wahrlich, in den Herzen der Menschen ist Gewalt, die Seuche ist überall im Land, Blut ist überall, es mangelt nicht an Tod. Die Mumienbinden sprechen, noch bevor man ihnen nahe kommt. Wahrlich, viele Tote werden im Fluß begraben, der Strom ist ein Leichenbestatter, und der Balsamierungsplatz ist zum Strom geworden.»

Da Seuchen nicht an Landesgrenzen haltmachen, ist auch die Literatur anderer Völker des Vorderen Orients, die mit Ägypten Kontakt hatten, nach Hinweisen auf Seuchen heranzuziehen. Im 14. Jh. v. Chr. müssen die Hethiter von einer großen Seuche heimgesucht worden sein, die ihren Ursprung in Ägypten hatte. Uns sind die Gebete eines hethitischen Königs erhalten, die sogenannten Pestgebete des Mursilis, in denen er die Götter um Hilfe anfleht:[104]

«Was habt ihr getan? Eine Seuche habt ihr ins Land gelassen. Das Land der Hethiter ist seit 20 Jahren grausam von einer Seuche heimgesucht. Seit zwanzig Jahren nun sterben die Menschen, in den Tagen meines Vaters, in den Tagen meines Bruders und in meinen.»

144

Aus dem folgenden Text in den Pestgebeten erfahren wir, daß die Hethiter gegen die Ägypter einen Krieg geführt hatten, in dem sie zahlreiche ägyptische Kriegsgefangene machten. Dazu heißt es dann weiter:

«Aber als sie die Gefangenen, die sie gemacht hatten, nach Hatti zurückbrachten, brach eine Seuche unter den Gefangenen aus, und die begannen zu sterben. Als sie die Gefangenen nach Hatti überführten, trugen diese Gefangenen die Seuche nach Hatti. Von diesem Tage an starben die Leute in Hatti.»

Stele des Priesters Ruma, 18. Dynastie

Nach diesen Texten muß es schon im 3. und 2. Jahrtausend v. Chr. verheerende Seuchen in Ägypten gegeben haben, die von dort aus sogar zu den Hethitern übertragen wurden. An den bisher untersuchten Mumien läßt sich allerdings davon nichts erkennen. Dies hat sicher mehrere Gründe. Nur einige Seuchen verursachen am Skelett so eindeutige Veränderungen, daß diese noch nach Jahrtausenden sicher zu identifizieren sind.

Außerdem – der ägyptische Text sprach davon – bestattete man in solchen Zeiten die Verstorbenen nicht sorgfältig, sondern warf die Leichen in den Nil. So sind uns nur sehr wenige Möglichkeiten gegeben, den Ausbruch von Seuchen an Mumien zu diagnostizieren. Unser heutiges Bild von ansteckenden Krankheiten im pharaonischen Ägypten ist also noch sehr lückenhaft.[105]

Lepra scheint in Ägypten erst in koptischer, frühestens aber spätrömischer Zeit aufgetreten zu sein. Tuberkulose hingegen ist vom Neuen Reich an mehrfach belegt. Die Diskussion über das Vorkommen von Kinderlähmung (Poliomyelitis) ist noch nicht abgeschlossen. Als Beleg dafür wird einmal die Darstellung des Priesters Ruma auf seiner Stele angesehen und zum anderen der stark verkrüppelte Fuß des Pharao Siptah. Aber die Meinungen der einzelnen Forscher gehen noch darüber auseinander, ob tatsächlich in beiden Fällen Kinderlähmung die Ursache für das Krankheitsbild war. Als bisher einziger Fall einer Mumie mit deutlich krankhaften Hautveränderungen ist uns die Mumie des Königs Ramses V. erhalten. Sein Gesicht ist von Pusteln übersät, die möglicherweise durch eine Pockeninfektion bedingt sind. Bisher ist es aber noch nicht gelungen, das Pockenvirus im Gewebe nachzuweisen.

Doch dies wird vielleicht in einigen Jahren möglich sein, denn gegenwärtig wird an ganz neuen Untersuchungsmethoden zum Nachweis von Viren, Bakterien oder Parasiten im Mumienge-

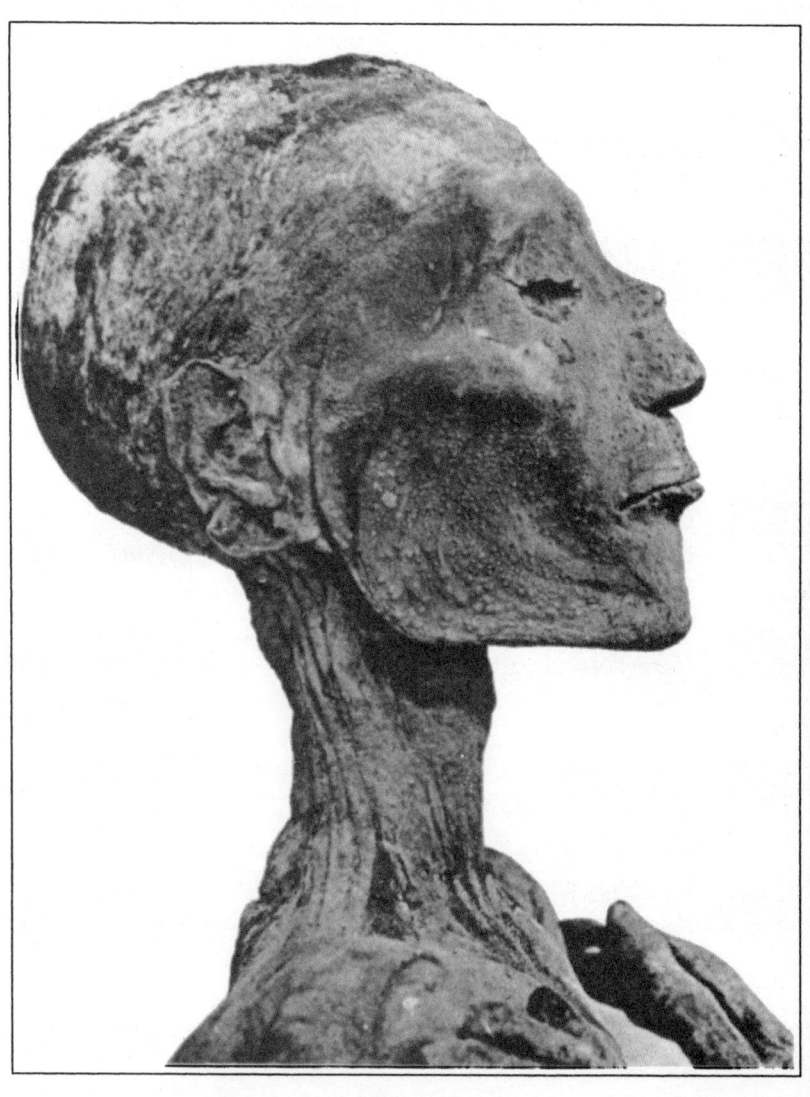

Mumie Ramses' V. mit Hautpusteln im Gesicht, 20. Dynastie

webe gearbeitet. Diese Krankheitserreger haben spezifische Antigene, die sich noch nach Jahrtausenden nachweisen lassen. Die Forschungsmethoden sind noch in der Entwicklung, sie ermöglichen uns aber vielleicht eines Tages, ein sehr viel genaueres seuchenhistorisches Bild des pharaonischen Ägypten zu zeichnen.

Körperliche Fehlbildungen

Neben den erworbenen Erkrankungen durch Parasiten oder Seuchen gab es im alten Ägypten auch Fälle von angeborenen körperlichen Mißbildungen. An den Mumien lassen sich die gleichen Krankheiten feststellen, die man auch in der modernen Population Ägyptens findet. Als Beispiele seien hier genannt: Mißbildungen des Hüftgelenkes oder der Füße, Verschmelzungen von Halswirbelsegmenten (Klippel Feil' Syndrom), Wasserkopf (Hydrocephalus), Gaumenspalte oder andere Fehlbildungen des Schädels.[106]

Diese Personen wurden mit ihren Behinderungen von den Mitmenschen akzeptiert und mußten nicht als Außenseiter leben. Die Fürsorge der Familie für diese Kranken wird an der Bestattung eines kleinen Mädchens mit Hydrocephalus deutlich.[107] Es hatte eine Größe von 0,85 m erreicht und muß danach eine ganze Weile gelebt haben. Das Mädchen trug an jedem Handgelenk einen Skarabäus an einem Band, und man hatte ihm eine Puppe aus Ton, eine Perücke aus geflochtenem, natürlichem Haar und zahlreiche Tongefäße mit Naturalien ins Grab mitgegeben.

Personen mit krankhaftem Zwergenwuchs (Achondroplasie) sehen wir des öfteren in den Gräbern abgebildet.

Sie arbeiteten in Berufen, in denen ihr Körperbau kein Nachteil war. Dies ist einmal der Bereich der Edelmetallverarbeitung und Schmuckherstellung, und zum anderen gab es mehrere Zwerge

Seneb mit Familie, 6. Dynastie

in der Position eines Kammerdieners, in der sie auch für die Garderobe ihres Herrn zuständig waren. Der bekannteste Vertreter dieser Kleiderzwerge ist sicherlich Seneb aus der 6. Dynastie. Er war sogar Vorsteher der Weberei des Hofes und heiratete eine normalwüchsige Frau, die aus der königlichen Familie stammte. Mit ihr hatte er normalwüchsige Kinder, und er erhielt ein großes Grab auf dem Beamtenfriedhof von Gizeh.

Das Auftreten von schweren körperlichen Mißbildungen war sicher ein trauriger Fall, aber die Familie sorgte anscheinend auch für diese Kinder, und die Gesellschaft ermöglichte ihnen, je nach ihren Fähigkeiten eine Tätigkeit auszuüben.

Es gab allerdings auch so stark mißgebildete Kinder, daß sie bei der Geburt gleich verstarben. Einer dieser Fälle hat eine gewisse Berühmtheit erlangt, weil der große französische Zoologe Geoffroy St. Hilaire als erster diese Mumie untersuchte und beschrieb.[108] Es handelt sich dabei um die Beisetzung eines kleinen Anencephalus, also eines ohne Gehirn geborenen Kindes.

Die Mumie stammt aus Tuna el-Gebel (Hermopolis) und wurde dort in einer der unterirdischen Galerien gefunden, in denen man vor allem in ptolemäischer Zeit Pavianmumien zu Ehren des Gottes Thot beisetzte. Sie war außerordentlich sorgfältig gewickelt, und an ihr befand sich auch noch ein Fayence-Amulett in Form eines Pavians. Die Balsamierer hatten den Körper des Kindes in eine hockende Position gesetzt, in der üblicherweise Paviane abgebildet werden, die Hände flach auf den Knien liegend.

Leider ist die Mumie, die in das Ägyptische Museum Berlin kam, heute fast ganz zerfallen. Eine Röntgenaufnahme aus dem Jahr 1974 zeigt aber wichtige Einzelheiten. Der Foetus hatte etwa den 7. Entwicklungsmonat erreicht, und statt eines ausgebildeten Hirnschädels besaß er nur eine knöcherne Deformation.

Nach der Art der Bestattung dieser Mumie kann man sich nur vorstellen, daß die Leute beim Anblick der Totgeburt glaubten, die Frau habe einen Affen geboren. Sie balsamierten den Körper sehr sorgfältig und setzten ihn zu Ehren des Gottes Thot in den Paviansgrüften von Tuna el-Gebel bei.

Die medizinische Versorgung

Waren die Menschen zu pharaonischen Zeiten im Niltal auch von zahlreichen Krankheiten befallen, so konnten sie doch in vielen Fällen auf die Hilfe von ausgebildeten Ärzten hoffen. Nicht nur am Hof, sondern auch für die übrige Bevölkerung gab es Ärzte, die eine Vielzahl von Erkrankungen erfolgreich bekämpften. Aus den medizinischen Papyri, von denen uns neun mit insgesamt über 1000 Rezepturen erhalten sind, ist deutlich zu erkennen, daß die Ärzte vor allem mit pflanzlichen Heilmitteln praktizierten. Ihr Wissen über die Anatomie des Menschen beruhte allerdings nicht auf Beobachtungen bei der Balsamierung, denn diese wurde von anderen Personen durchgeführt, nicht von Medizinern.

An den Mumien läßt sich allerdings nur noch sehr wenig von der ärztlichen Kunst im alten Ägypten erkennen. Wir sehen teilweise gut gerichtete Brüche, die manchmal schon mit leinengepolsterten Schienen versehen waren[109], aber operative Eingriffe sind bis jetzt an Mumien noch nicht beobachtet worden. Seit einigen Jahren laufen Untersuchungen, die klären sollen, ob die Ägypter die Trepanation – Öffnung der Schädeldecke – praktiziert haben. Diese Arbeiten sind aber nicht abgeschlossen.

Sicher haben die Ärzte damals Wunden versorgt, Geschwüre geöffnet und behandelt; ob sie allerdings zum Messer griffen, um etwas von außen nicht Sichtbares zu operieren, ist sehr fraglich.

Unter Wissenschaftlern umstritten ist die Frage, ob die Ägypter auch eine Zahnmedizin kannten. Die bisherigen Untersuchungen von Mumien geben darüber keine Auskunft. Die Zähne sind meist sehr stark abgerieben, vor allem durch den Sand, der beim Mahlen des Getreides mit in das Brotmehl gelangte. Ob einige der im Kiefer von Mumien gefundenen Löcher durch Drainage eines Abszesses entstanden sind oder eine natürliche Ursache haben, ist noch nicht eindeutig geklärt.

Von Junker in Gizeh gefundene Zähne, Altes Reich

Besonders heiß diskutiert sind jedoch zwei Funde von mit Golddraht verbundenen Zähnen, bei denen es sich um eine Art Zahnersatz oder Befestigung loser Zähne an einem noch gesunden Zahn handeln kann.

Die erste Entdeckung einer solchen Brücke machte Hermann Junker 1914 in Gizeh. In einem gestörten Grab der 4.–5. Dynastie fand er im Schutt zwei mit einem Golddraht verbundene Zähne. Es handelt sich um den 2. und 3. Molaren, die aber nicht mehr in einem Unterkiefer steckten. Da die Brücke aus zahnmedizinischer Sicht funktionell richtig gebaut ist, vermutete man, daß sie noch zu Lebzeiten im Mund getragen worden war.[110]

Den zweiten Fund ganz ähnlicher Art machte Shafik Farid in el Qatta.[111] In den Überresten eines zerfallenen Schädels lagen drei mit Golddraht umwundene Zähne. Um den oberen Eckzahn war ein doppelter Draht gebunden, der eine Schlinge bildete. Den mittleren, durchbohrten und den seitlichen Schneidezahn hatte man mit einem Golddraht verbunden. Vermutlich waren die beiden Schneidezähne ursprünglich an der Schlinge des Eckzahnes befestigt. Auch dieser interessante Fund stammt aus dem Alten Reich. Obgleich viele tausend Schädel von allen Schichten der ägyptischen Bevölkerung und auch aus allen Zeiten untersucht wurden, entdeckte man bis heute keine weiteren zahnprothetischen Arbeiten ähnlicher Art. Auch die Pharaonenmumien, deren Zähne teilweise in einem sehr schlechten Zustand sind, tragen keine Brücken. Erst aus griechischer Zeit, als auch in anderen Ländern des Mittelmeerraumes Zahnprothesen hergestellt wurden, gibt es zwei weitere Funde in Ägypten.[111]

Da die beiden Zahnbrücken aus dem Alten Reich so singulär sind, erlauben sie uns nicht, auf eine ausgedehnte praktizierte Zahnheilkunde im alten Ägypten zu schließen.

Vom Königsgrab in die Museumsvitrine – das Schicksal der Pharaonenmumien

Für ihre Arbeiten in der Mumienforschung steht den Wissenschaftlern ein reiches Material zur Verfügung, Mumien aus Grabungen der letzten Jahre und Mumien, die sich bereits seit Jahrzehnten in den Sammlungen der Museen befinden. Von besonderem Interesse sind allerdings, vor allem für die Ägyptologen, die Pharaonenmumien.

Nach ihrer Bergung 1881 aus der Royal Cachette von Deir el Bahari lagerten die Mumien der altägyptischen Könige eine ganze Weile im Museum in Kairo. Erst 1886 fand Gaston Maspero, der Leiter der ägyptischen Altertümerverwaltung, die Zeit, mit dem Auswickeln zu beginnen. Es muß für die damaligen Ägyptologen schon eine faszinierende Vorstellung gewesen sein, bald das Gesicht eines der großen Pharaonen zu sehen, nach mehr als 3000 Jahren, erhalten durch die Balsamierungskunst ihrer Priester.

Von besonderem Interesse war damals anscheinend die Mumie Ramses' II., eines der größten Bauherren der ägyptischen Geschichte, denn sie sollte als erste ausgewickelt werden. So versammelte sich denn am 1. Juni 1886 morgens um 9 Uhr eine illustre Gesellschaft im Museum von Kairo, um mitzuerleben, wie die Mumie Ramses' II. enthüllt wurde: der ägyptische Khedive Mohammed Pascha Taufik, der Vertreter der türkischen und der britischen Regierung, mehrere Minister und andere hochgestellte Persönlichkeiten. Das Wort «auswickeln» der Mumie ist allerdings für die nun erfolgte Prozedur nicht ganz passend, denn in nur 15 Minuten war die Mumie Ramses' II. aus den sie umhüllenden Mumienbinden herausgeschnitten. Maspero und seine Gesellschaft konnten in das Antlitz des großen Pharao blicken.

Nach nur einigen Minuten Pause kam dann schon die nächste Mumie an die Reihe. Nach der Sargaufschrift hatte man sie für die Mumie der Königin Nefertari gehalten, aber sie entpuppte sich als die des Königs Ramses III.

Acht Tage später folgten dann die Mumien der Könige Seqenenre und Sethos I. und im Laufe der Jahre fast alle anderen Königsmumien, auch die aus dem zweiten Sammelversteck im Grab Amenophis' II.

Nach dem Herausschneiden der Mumien aus den Binden sor-

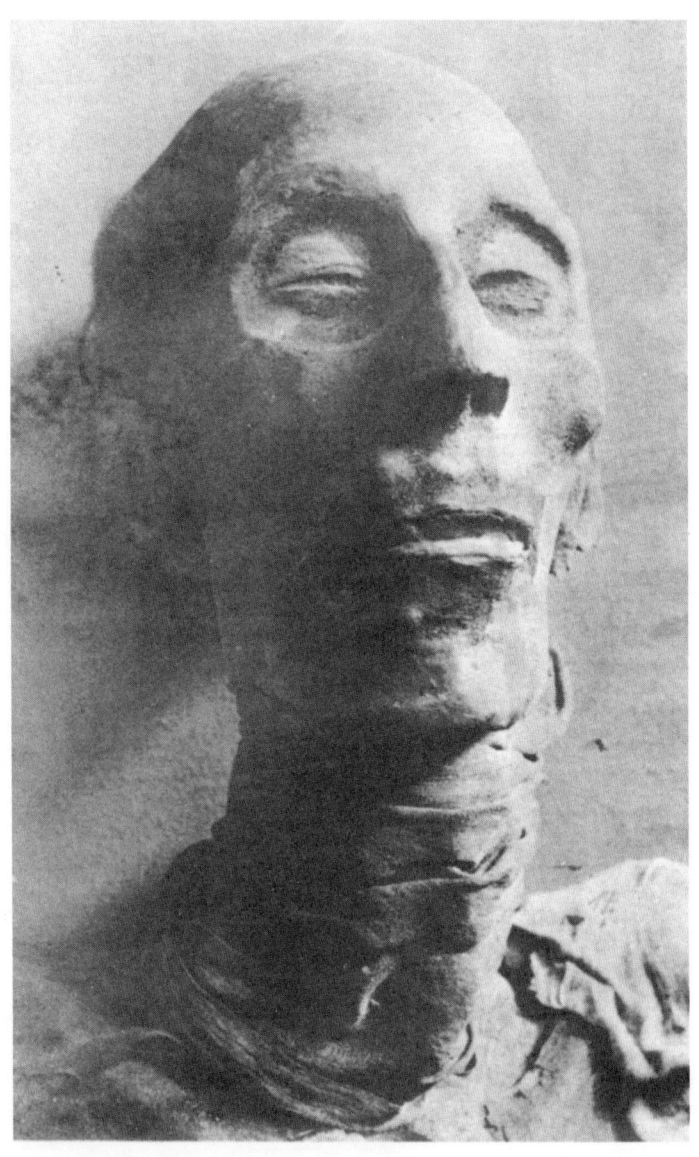

Mumie Ramses' II. nach dem Auswickeln (1881)

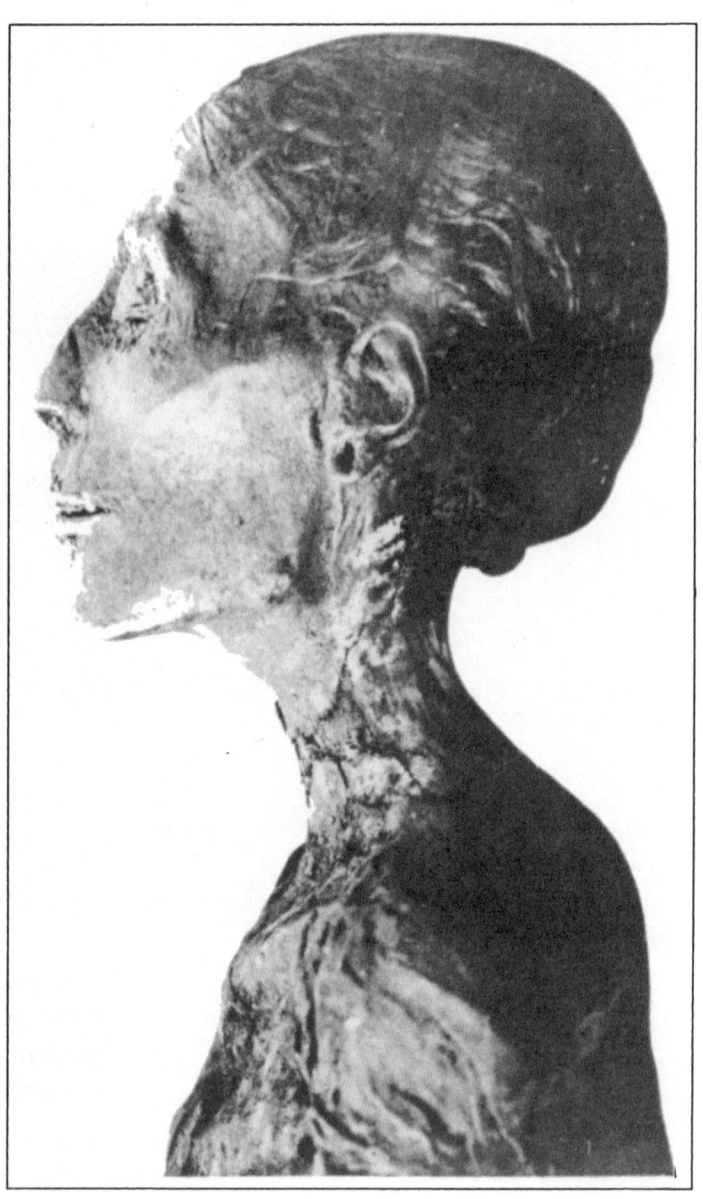

Mumie Thutmosis' IV.

tierte Maspero sehr sorgfältig die Leinenbinden, da einige noch Inschriften mit Hinweisen auf die Identität der einzelnen Personen enthielten.

Nur für wenige Mumien wurde gleich nach dem Auswickeln ein wissenschaftlicher Bericht erstellt. Diese Aufgabe übertrug Maspero einige Zeit später dem berühmten englischen Anatomen Elliot Smith. Er beseitigte von den meist nur halb ausgewickelten Körpern die letzten Bindenschichten und fertigte eine genaue anatomische Studie an, die 1912 in der Reihe der Katalogbände des Ägyptischen Museums Kairo, dem Catalogue Général, erschien. Die Fotos in diesem Buch zeigen uns an manchen Königsmumien die unvergleichliche Balsamierungskunst der Ägypter, wie etwa an der Mumie Thutmosis' IV.

Einige der Mumien sehen allerdings fast wie die Reklame für ein Horrorkabinett aus, und mancher Pharao, vor allem Ramses III., diente als Vorlage für Gestalten in Gruselfilmen.

Elliot Smith gibt eine sehr genaue Beschreibung der Körper. Ihn interessierten vor allem die unterschiedlichen Balsamierungsverfahren zu den verschiedenen Epochen. Er versuchte weiterhin Krankheiten oder mögliche Todesursachen festzustellen und auch das Sterbealter.

Er erkannte damals auch schon, welche großen Möglichkeiten die erst einige Jahre zuvor entdeckte neue Untersuchungsmethode des Röntgens für die Mumienforschung bot. Doch Smith konnte 1903 in Kairo nur Thutmosis IV. als einzige Pharaonenmumie röntgen lassen.

Erst 1932 wurde dann die Mumie von Amenophis I. geröntgt und zwar von Douglas Derry, demselben Mann, der auch die Mumie Tutanchamuns untersucht hatte. Auf Anordnung Masperos war die Mumie Amenophis' I. nicht ausgewickelt worden, weil ihre in der 21. Dynastie restaurierte Umhüllung so gut erhalten war. Jetzt zeigten sich die großen Vorteile der Röntgenuntersuchung. Ohne an der Leinenumhüllung der Mumie etwas zu zerstören, konnte Derry feststellen, daß sie unter der äußersten Wicklung von antiken Grabräubern stark beschädigt ist. Amenophis I. hatte ein Lebensalter von etwa 40 bis 50 Jahren erreicht.[112]

Doch es sollten noch einmal 35 Jahre vergehen, bis endlich die gesamte Sammlung von ägyptischen Königsmumien geröntgt werden konnte. 1965 begann unter der Leitung von James E. Harris ein Team der Universität Michigan mit der Arbeit, die allerdings aus konservatorischen Gründen mit einem transportablen Röntgengerät im Museum durchgeführt werden mußte. Die Mumien verblieben dabei auch in ihren Holzkästen; das erklärt in einigen Fällen die nicht ganz optimale Schärfe der Röntgenbilder.

Die Ergebnisse der Arbeit von James Harris und seinem Team[113] sind etwas zwiespältig, sie erfüllten nicht alle Hoffnungen auf vollständige Aufklärung des Schicksals der einzelnen Pharaonen. Sie zeigen aber, daß einige bereits fest in der Literatur verankerten «Tatsachen» falsch sind.

So ging man immer davon aus, die Gottesgemahlin des Amun, Maatkare, Tochter von Pajnodjem I., sei im Kindbett gestorben. Mit in ihrem Sarg lag nämlich eine kleine Mumie von 41 cm Länge. Außerdem standen auf ihrem Sarg zwei Namen, ihr eigener, Maatkare, und Mutemhat, Tochter der großen königlichen Gemahlin.[114] So hielt man es für sicher, Maatkare sei zusammen mit ihrer Tochter Mutemhat in einem Sarg beigesetzt. Da manche Ägyptologen annahmen, eine Gottesgemahlin des Amun müsse im Zölibat leben, entstanden zahlreiche Geschichten um Maatkare, angefangen von Tempelprostitution bis zu einem verbotenen Verhältnis mit dem Hohenpriester des Amun.

Maspero hatte damals die kleine Mumie nicht auswickeln lassen, und das Röntgen bewies jetzt: mit Maatkare war kein Kind bestattet, sondern die Mumie eines Affen, vielleicht ihr Lieblingstier.

Auch mit einer anderen Überlieferung räumte die Röntgenuntersuchung auf. An Hand der Röntgenbilder konnten Gay Robins und C. Shute[115] recht genau die Lebensgröße der einzelnen Pharaonen rekonstruieren. Nach der von Smith für die Mumie Thutmosis' III. angegebenen Länge von 161,5 cm hatte sich in der Ägyptologie für ihn das Bild eines Napoleons der Ägypter festgesetzt, eines Mannes von kleiner Statur, aber großen Erfolgen als Feldherr. Robins und Shute zeigten aber, daß bei der Mumie Thutmosis' III. die Füße abgebrochen sind und Smith die Mumie ohne Füße vermessen hatte. In Wirklichkeit war Thutmosis III. mit einer Größe von 171 cm für damalige Verhältnisse recht groß.

Mit der Untersuchung der Zähne hatte Smith auch Schwierigkeiten gehabt, da bei vielen Mumien der Mund geschlossen ist. Durch das Röntgen wurde jetzt deutlich, daß zahlreiche Pharaonen mit einem hohen Sterbealter einen sehr schlechten Zahnzustand hatten. Ihre Zähne sind stark abgerieben, dadurch ist die Pulpa manchmal offen, und Paradontose liegt häufig vor. Pharaonen, die jung verstarben, hatten jedoch recht gute Zähne. Karies ist sehr selten.

Wenig ergiebig war die Untersuchung der Mumien auf Krankheiten und Todesursache hin. Hier erbrachte die Röntgenuntersuchung nichts, was über die Ergebnisse von Smith hinausging.

Problematisch hingegen sind die aus den Röntgenbildern ermittelten Sterbedaten der einzelnen Pharaonen. Sie stimmen oftmals nicht mit denen überein, die Ägyptologen aus den altägyptischen Textquellen erarbeitet hatten. Vor allem für Könige mit einer längeren Regierungszeit ist das Sterbealter nach den Röntgenbildern unrealistisch. Dies zeigt eine Zusammenstellung einiger Regierungsdaten und Sterbealter:[116]

König	Anzahl der Regierungsjahre nach historischen Quellen	Sterbealter nach den Röntgenbildern
Amenophis I.	21	20–30
Thutmosis III.	52	35–40
Amenophis III.	38	30–35
Ramses II.	66	50–55
Ramses III.	31	30–35

Man sieht also deutlich, daß hier noch eine ganze Reihe von Problemen ungelöst sind. Möglicherweise sind nicht alle Mumien richtig identifiziert, darauf wurde schon in dem Kapitel über die Auffindung der Königsmumien hingewiesen. Ob das aber als Erklärung für die großen Unterschiede der Sterbedaten zwischen den historischen Daten und Röntgendaten in allen Fällen ausreicht, ist zweifelhaft. Es sieht mehr so aus, als ob die genaue Festsetzung des Sterbealters an Hand von Röntgenbildern noch immer etwas problematisch sei. Um diese Fragen zu klären, liegt noch viel Arbeit vor den Wissenschaftlern, da man sich auch darüber im klaren ist, daß Statistiken, die auf Messungen an Europäern oder modernen Ägyptern beruhen, nicht ohne weiteres auf die Bevölkerung des pharaonischen Ägypten anwendbar sind.

Eine Möglichkeit, dieses Problem anzugehen, besteht in der Untersuchung einer Gruppe von Mumien der römischen Zeit, bei denen auf den Särgen das Sterbealter vermerkt ist.

Bereits 1822 war das Familiengrab des Soter mit zahlreichen Bestattungen in Theben gefunden worden. Er lebte unter Hadrian, Anfang 2. Jh. v. Chr. Die Särge, auf denen das Sterbealter der bestatteten Personen steht, gelangten mit den Mumien in verschiedene Museen Europas: London, Paris, Turin, Leiden und Berlin. Ein Teil der Mumien ist bereits geröntgt, an den anderen wird noch gearbeitet. Sicher sind das nur kleine Bausteinchen auf dem Wege, mehr über die körperliche Entwicklung der alten Ägypter zu erfahren, aber je mehr davon zusammengetragen werden kann, desto größer wird unser Verständnis für die Interpretation der aus der Mumienforschung ermittelten Daten.

Neuste Wege der Forschung: Einblick in die Mumie, ohne sie auszuwickeln

Wurden die Mumien der ägyptischen Könige auch erst relativ spät mit einer Röntgenuntersuchung «durchleuchtet», so hatte man bei der Arbeit an anderen Mumien schon sehr früh die Vorteile dieser Untersuchungsmethode erkannt. Dem großen Archäologen Flinders Petrie wird immer das Verdienst zugeschrieben, als erster ägyptische Mumien geröntgt zu haben, doch das ist nicht richtig.

Im Jahre 1895 hatte Wilhelm Conrad Röntgen seine Entdeckungen mit sogenannten X-Strahlen veröffentlicht, die später ihm zu Ehren im deutschen Sprachgebiet Röntgenstrahlen genannt wurden. Bereits ein Jahr später (1896) gab dann Walter König die Ergebnisse seiner Experimente mit diesen neuen Strahlen bekannt, die er an verschiedenen Objekten durchgeführt hatte: eine Damenhand, die einen Blumenstrauß hält, eine Hand mit einer Kugel im Handgelenk, ein Vogel und anderes mehr. Unter den 14 Aufnahmen, die er publizierte, waren auch das Kniegelenk einer ägyptischen Kindermumie und der Kopf einer Katzenmumie.[117]

Beide Objekte stammen aus dem Frankfurter Senckenbergmu-

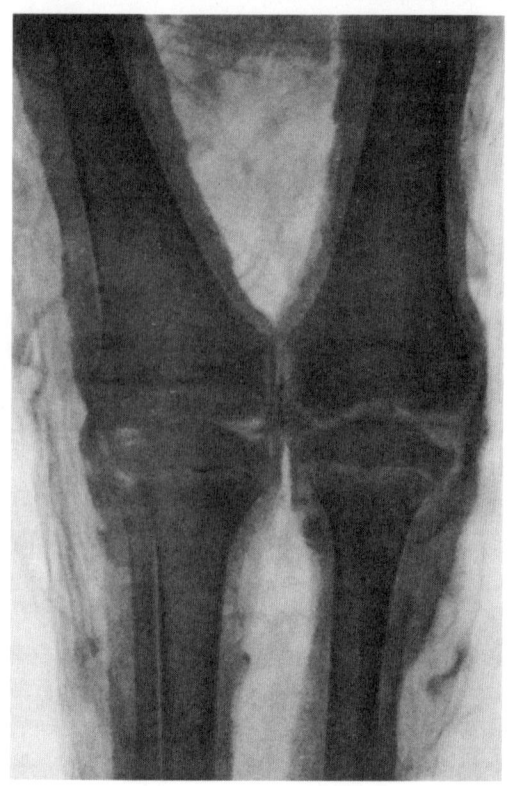

Erstes Röntgenbild von einer ägyptischen Mumie

seum. König wollte mit seinen Arbeiten die Möglichkeiten der neuen X-Strahlen zeigen, während Petrie, der 1898 Mumienteile röntgen ließ, diese Untersuchungen gleich für die Lösung eines archäologischen Problems einsetzen wollte.

Petrie hatte in Deshasheh Mumien der 5. Dynastie gefunden, die äußerlich ganz unversehrt aussahen. Wickelte man sie allerdings aus, so kamen Skelette zu Tage, deren Knochen sich nicht in der richtigen Anordnung befanden. Dies wurde auch deutlich, als

Petrie zwei noch eingewickelte Beinteile in London röntgen ließ. Die Balsamierer hatten beim Einwickeln die Knochen recht wahllos zusammengefügt, so waren bei einem Unterschenkel zwei Schienbeine und ein Wadenbein zusammen eingewickelt.[118]

Wie diese merkwürdige Tatsache zu erklären ist, ob hier ein Neueinwickeln gestörter Begräbnisse stattgefunden hatte oder gleich beim Bestatten die Skelette so zerfallen waren, daß nur die einzelnen Knochen zusammengefügt wurden, ist auch heute noch nicht zu sagen.

Aber mit den Arbeiten von Petrie war das Röntgen zu einem entscheidenden Bestandteil der Untersuchung von Mumien geworden. Auch heute ist dies noch der erste Schritt, um über den Zustand einer Mumie einen Überblick zu erhalten. Durch Röntgen können schon eine Vielzahl von Informationen gewonnen werden:

1. Am Skelett zeigen sich das Geschlecht, das ungefähre Lebensalter und möglicherweise Anhaltspunkte über Krankheiten.

2. Deutlich lassen sich im Röntgenbild mit eingewickelte Objekte wie Schmuck, Amulette oder Goldbelagstücke erkennen.

3. Die Armhaltung der Mumie gibt Hinweise auf die Zeit, in der sie hergestellt wurde, da diese zu den verschiedenen Epochen unterschiedlich war.

4. Das Röntgenbild gibt auch einige Anhaltspunkte über die Mumifizierungstechnik wie das Entfernen des Gehirnes und Einflößen von harzigen Substanzen in den Hirnschädel.

Doch gerade für die Beantwortung der Frage nach der Mumifizierungstechnik reicht das konventionelle Röntgen oftmals nicht aus. Die harzhaltigen Salböle an der Mumie verwischen das Bild, und weichere Materialien wie Leinen oder Gewebereste sind nicht deutlich zu erkennen. Für Untersuchungen über die Balsamierungsart wird heute eine andere Röntgentechnik angewandt, die Computertomographie (CT). Mit ihr gelingt es, die Mumie im Querschnitt schichtweise zu untersuchen und sozusagen direkt in ihren Körper hineinzublicken.

An zwei CT-Bildern einer Mumie des Kestner-Museums Hannover läßt sich gut verdeutlichen, was man alles bei einer solchen Untersuchung erkennen kann. Die optisch dichteren Substanzen wie Knochen oder Harzmaterial sind auf dem Foto dunkel abgebildet.

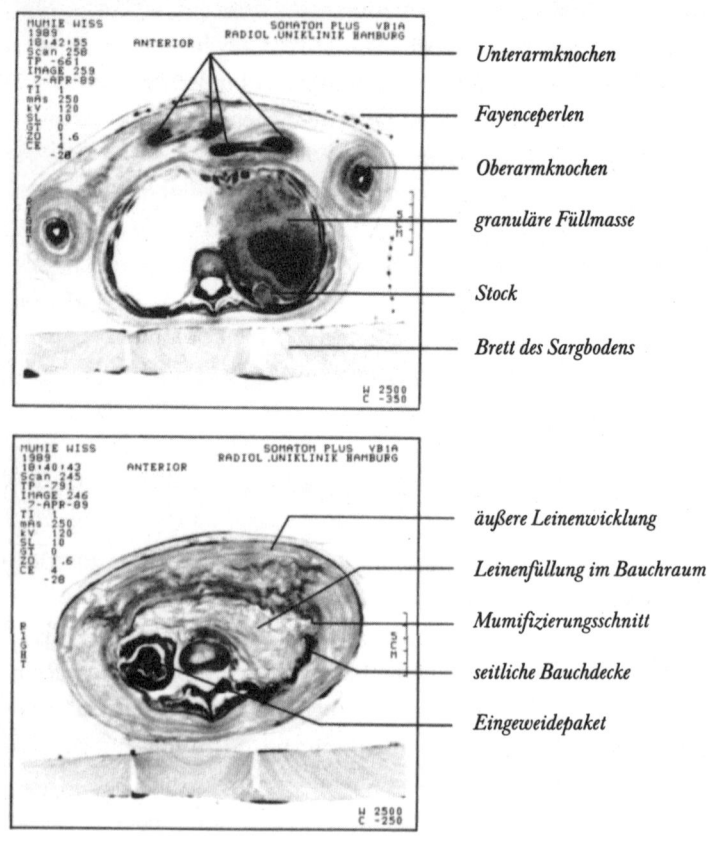

Unterarmknochen

Fayenceperlen

Oberarmknochen

granuläre Füllmasse

Stock

Brett des Sargbodens

äußere Leinenwicklung

Leinenfüllung im Bauchraum

Mumifizierungsschnitt

seitliche Bauchdecke

Eingeweidepaket

Das erste CT-Bild ist ein Querschnitt durch den Brustraum der Mumie. Es zeigt, daß nach dem Entfernen der Eingeweide in den linken Brustraum eine leicht granuläre Masse wie Sägespäne mit Harz vermischt eingefüllt worden war. Diese Masse ist nicht ganz homogen, in ihrem Innern ist sie dichter. An ihrem dorsalen Rand liegt eine deutlich abgegrenzte Struktur. Bei weiteren Untersuchungen stellte sich heraus, daß es sich um den Querschnitt eines mit eingewickelten Stockes handelt. Die rechte Seite des Thorax ist leer. Gut sind auch die separat gewikkelten Oberarme zu erkennen. Die Unterarme liegen gekreuzt auf der Brust. Das CT-Bild zeigt auch die Fayenceperlen des Perlennetzes, das auf der Mumie liegt, und die Jahresringe in den Holzbrettern des Sargbodens.

Das zweite Bild ist ein Querschnitt durch den Bauchraum der Mumie kurz oberhalb des Beckens. Die Rolle rechts im Körper ist ein Eingeweidepaket, das mit harzigen Salbölen behandelt wurde und sich deshalb dunkel abbildet. Den vorderen und linken Bauchraum haben die Balsamierer mit Leinentüchern ausgefüllt, und man kann links auch noch den Einschnitt in der Bauchwand erkennen, durch den die Eingeweide entfernt, zu einer Rolle verpackt zurückgelegt und die Tücher hineingebracht wurden. Doch mit der Auswertung dieser CT-Aufnahmen sind unsere heutigen Möglichkeiten einer zerstörungsfreien Mumienuntersuchung noch nicht ausgeschöpft. Werden von dem Körper in ganz dichten Schnittabständen CT-Aufnahmen gemacht, kann mit dem Computer daraus ein dreidimensionales Bild errechnet und dann auf dem Bildschirm dargestellt werden. Führend auf diesem Forschungsgebiet ist Karl-Heinz Höhne von der Universität Hamburg, UKE. Er fertigte von derselben Mumie des Kestner-Museums dreidimensionale Bilder des Schädels an. Es gelang ihm, die umhüllenden Leinenschichten der Mumie «wegzurechnen» und so den blanken Schädel darzu-

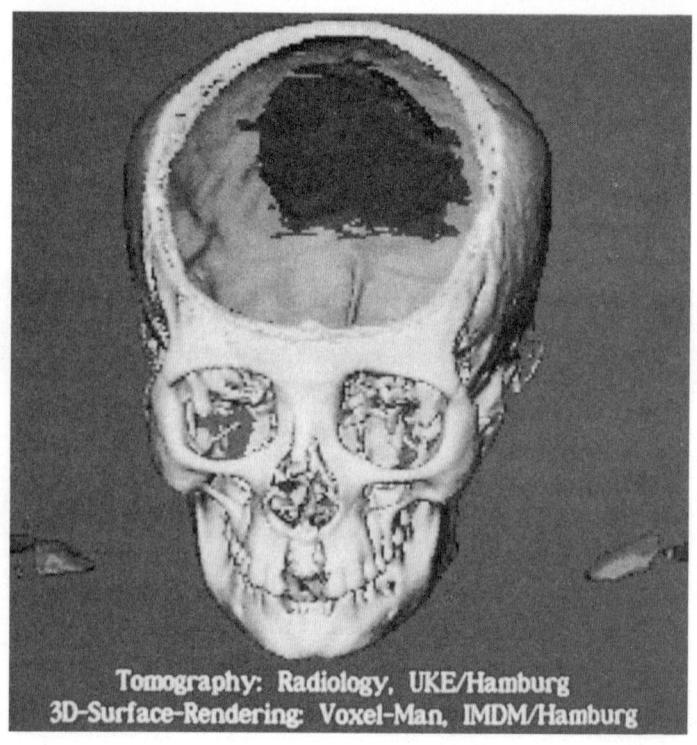

Tomography: Radiology, UKE/Hamburg
3D-Surface-Rendering: Voxel-Man, IMDM/Hamburg

Schädelbild einer noch eingewickelten Mumie mit einer Harzmasse im Hinterhauptsbereich

stellen. Materialien unterschiedlicher Dichte können sogar noch farbig verschieden abgebildet werden.

So sieht man denn im Schädel eine rotbraune Harzmasse, die bei der Balsamierung eingefüllt worden war.

Außerdem ist ein vom Thorax aus eingeführter Stock zu erkennen, der neben der Halswirbelsäule bis zum oberen Gaumendach verläuft. Er hatte sich bereits im Querschnitt auf den CT-Bildern gezeigt. Vermutlich diente er dazu, beim Einwickeln den Kopf an dem Rumpf zu fixieren.

166

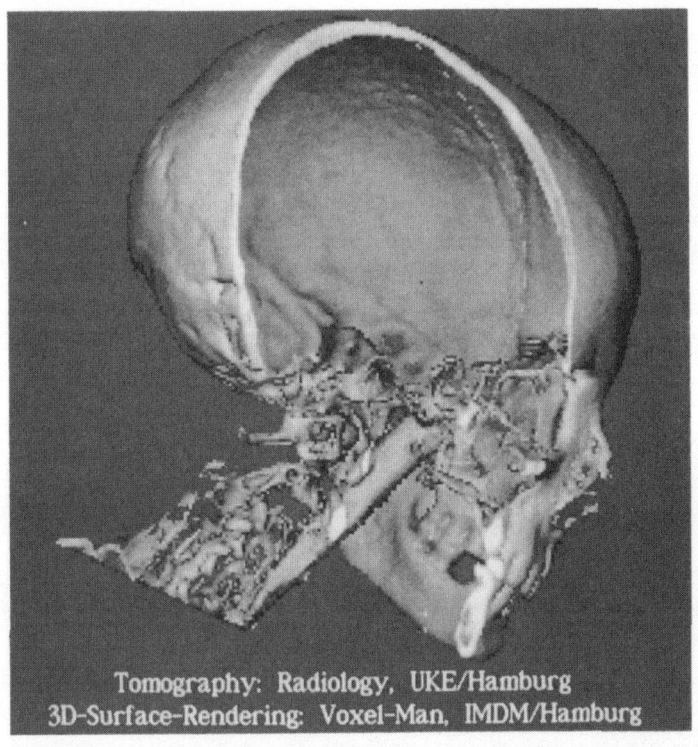

Tomography: Radiology, UKE/Hamburg
3D-Surface-Rendering: Voxel-Man, IMDM/Hamburg

Schädelbild einer noch eingewickelten Mumie mit einem Stock neben der Halswirbelsäule

Die neuen röntgendiagnostischen Methoden, die sich zur Zeit auch noch in einer Phase der schnellen Weiterentwicklung befinden, geben der modernen Mumienforschung phantastische Möglichkeiten. Die Einblicke, die man mit ihrer Hilfe in eine Mumie gewinnen kann, machen heute ein Auswickeln und somit Zerstören der Mumie überflüssig.

167

Wie sahen die Ägypter aus? Der Computer sagt es uns

Die eigenen Bildnisse der Ägypter geben wenig Aufschluß über das individuelle Aussehen des Dargestellten. Mumien- und Sargmasken tragen nicht die Züge des Verstorbenen. Dies ändert sich erst in römischer Zeit unter dem Einfluß der römischen Porträtmalerei, es entstehen die sogenannten Mumienporträts, die Darstellungen der Verstorbenen auf den Mumien. Doch auch hier ist die Ähnlichkeit wahrscheinlich anzuzweifeln, denn einige der Porträts sind doch sehr «geschönt».

Den ersten Versuch, ein Mumienporträt mit dem dazu gehörigen Mumienkopf zu vergleichen, unternahm Rudolf Virchow 1896.[119] In Fayum hatte man einige Jahre zuvor ein Familiengrab entdeckt, das Porträtmumien einer Frau Aline und ihrer Kinder enthielt. Die Frauenmumie wurde gleich vor Ort ausgewickelt, doch Mumienkopf und das auf Leinwand gemalte Porträt kamen nach Berlin. Dort hatte Virchow die Möglichkeit, Kopf und Bild zu vergleichen. Er ließ Fotos von beiden Objekten in gleichem Abbildungsmaßstab anfertigen, aber diese konnten nicht zur Deckung gebracht werden. Nur ein Einzeichnen des Mumienkopfes in das Porträt gelang, und Virchow war der Überzeugung, daß ein hoher Grad an Übereinstimmung vorlag.

Aber man wollte auch Vorstellungen von dem Aussehen zu Lebzeiten von Personen erhalten, auf deren Mumien kein Porträt lag. Um dieses herauszufinden, wurden im Rahmen des Manchester-Mummy-Projekts von den Schädeln der schon mehrfach erwähnten «Zwei Brüder» aus dem Mittleren Reich Abgüsse hergestellt. Auf diese Schädelmodelle arbeitete R. A. H. Neave, nach einem für die Rechtsmedizin entwickelten Verfahren, eine Rekonstruktion der Gesichter. Ein Vergleich mit den Köpfen kleiner Holzstatuetten dieser Männer zeigt, daß in die

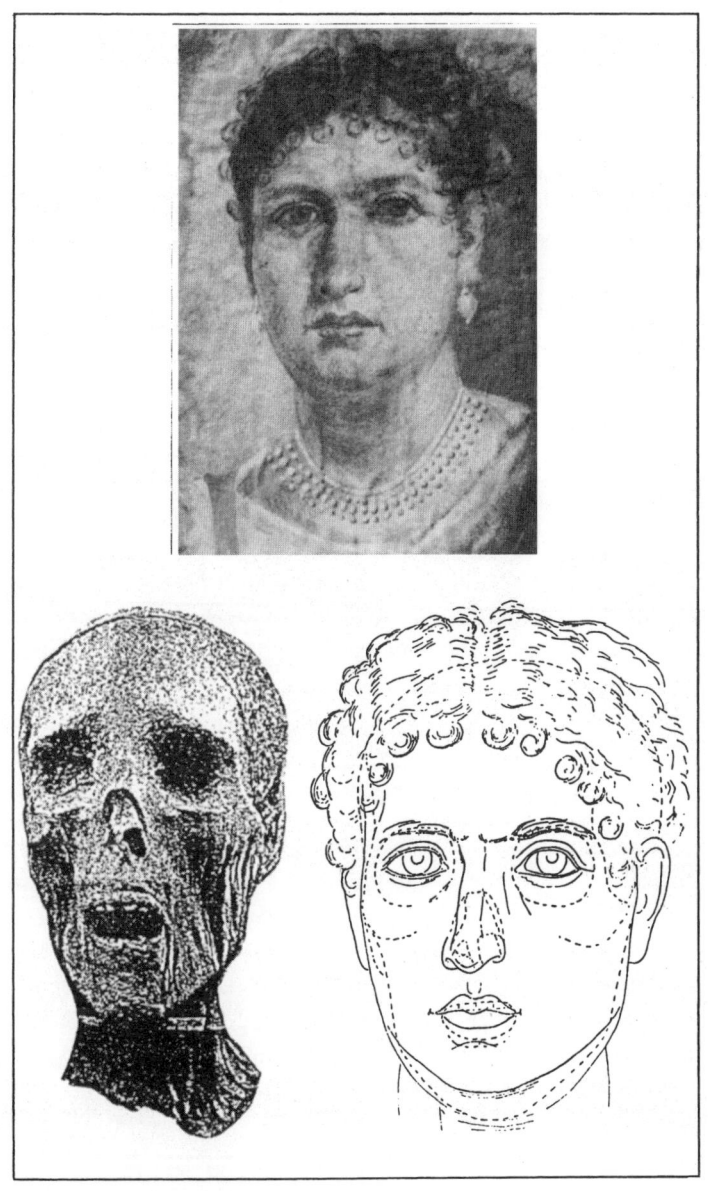

Oben: Mumienporträt der Aline. Unten links: Mumienkopf der Aline. Unten rechts: Kombinationszeichnung: Porträt-Kopf nach Virchow

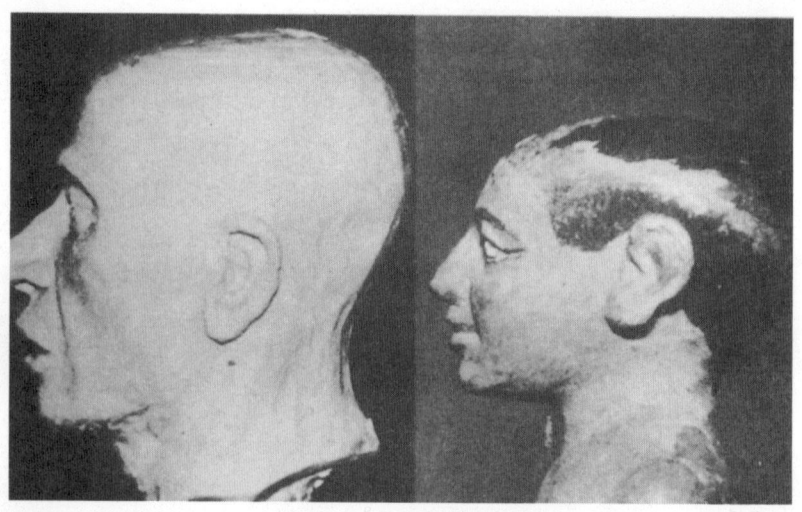

Vergleich der Gesichtsrekonstruktion des Chnum-Nacht mit dem Kopf seiner Statuette (rechts)

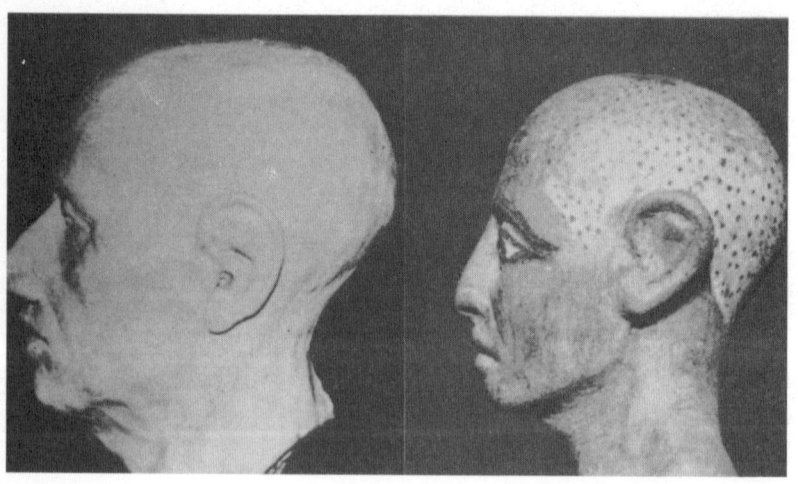

Vergleich der Gesichtsrekonstruktion des Nechet-Anch mit dem Kopf seiner Statuette (rechts)

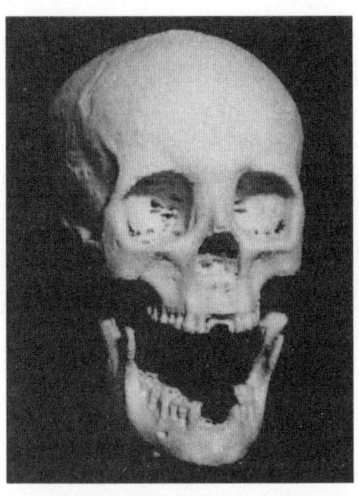

Kunststoffmodell des Schädels einer noch eingewickelten
Mumie des Kestner-Museums Hannover

Gesichter ihrer Statuetten doch ein gewisser Anteil an individuellen Zügen eingearbeitet ist.[120]

1975 war es für die Rekonstruktionsarbeit noch nötig gewesen, einen Abguß vom Originalschädel herzustellen; darauf kann heute schon verzichtet werden. Aus den Computer-Tomographie-Bildern errechnet der Computer nicht nur wie gezeigt ein dreidimensionales Bild. Wird er an eine Spezialfräse angeschlossen, so läßt sich aus einem Kunststoffblock ein Modell des Schädels herausschneiden. Auf diesem Wege gelingt es heute, von einer noch eingewickelten Mumie ein Kunststoffmodell ihres Schädels herzustellen. Auf diesen Plastikschädel kann nun direkt die Gesichtsrekonstruktion gearbeitet werden.

Natürlich zeigt diese Rekonstruktion des Gesichtes keine persönlichen Besonderheiten wie eine Warze an der Nase oder eine Narbe an der Stirn. Aber gleiche Arbeiten in der Kriminalistik haben gezeigt, daß die auf diese Weise angefertigten Modelle eine sehr große Ähnlichkeit mit der Person aufweisen.

So ist uns heute in der Mumienforschung die Möglichkeit gegeben, ohne die Wicklung der Mumie zu öffnen, ein Bild des Menschen zu rekonstruieren, wie er zu Lebzeiten ausgesehen hat.

Tiermumien

Die Ägypter mumifizierten nicht nur Menschen, sondern auch Tiere. Dabei handelte es sich zum einen um mitbestattete Lieblingstiere, zum anderen um die Beisetzung eines vergöttlichten Tieres.

Bei der Röntgenuntersuchung der kleinen Mumie aus dem Sarg der Gottesgemahlin des Amun Maatkare hatten wir schon gesehen, daß zusammen mit ihr ein kleiner, mumifizierter Affe bestattet war. Öfter wurden auch Hunde, Katzen und auch Gazellen zusammen mit ihrem Herrn oder ihrer Herrin beigesetzt. Sie erhielten dabei meist eigene Särge und manchmal sogar kleine Totenstelen. In sehr viel größerem Umfang mumifizierten die Ägypter aber als heilig angesehene Tiere. Dies waren einmal Einzeltiere, in denen sich eine Gottheit dauernd verkörperte, sogenannte Inkorporationstiere, zum anderen auch deren Artgenossen, die den Ägyptern ebenfalls als sakrosankt galten.

Ein wichtiges Inkorporationstier im alten Ägypten war der Apis-Stier, der im Tempel des Ptah von Memphis lebte. Er trug auch die Bezeichnung «Ba des Ptah», was in etwa mit dem Begriff «eine Seele des Ptah» zu umschreiben ist.

Starb dieser Apis-Stier, wurde er mumifiziert und erhielt ein aufwendiges Begräbnis. Prinz Chaemwese, ein Sohn Ramses' II., begann den Ausbau großer unterirdischer Galerien in Saqqarah, später Serapaeum genannt, in denen dann in der Folgezeit die Stiere in riesigen Steinsarkophagen beigesetzt wurden.

Necho und Darius I. veranlaßten im 6. Jh. v. Chr. den Bau eines neuen Balsamierungshauses für die Apis-Stiere am Rande des Ptah-Tempels von Memphis, und sie stifteten Mumifizierungstische aus Alabaster, dessen größter eine Tischfläche von 5,40 m × 3,07 m hat.

Die Mumifizierung eines Apis-Stieres verlief ähnlich wie die eines Menschen. Auch hier dauerte es 70 Tage, bis das verstorbene Tier bestattet werden konnte, und an der Tiermumie vollzogen die Priester das gleiche Mundöffnungsritual wie bei einem Menschen. Ein Papyrus des 3./2. Jh. v. Chr. beschreibt, genau wie das bereits erwähnte Balsamierungsritual, die Mumifizierung, in diesem Fall aber für einen Stier. Er erwähnt sogar technische Einzelheiten wie die Entnahme des Gehirnes aus dem Schädel und der Eingeweide aus der Bauchhöhle, und dann folgen auch hier sehr ausführliche Anweisungen für das Salben und Einwickeln des Körpers.[121]

Mumifizierungstisch für einen Apis-Stier

Leider sind keine Apismumien erhalten. Sie waren, wie die Königsmumien, mit zahlreichen Schmuckstücken versehen und fielen daher den Grabräubern zum Opfer.

Neben dem Apis-Stier, der Inkorporation des Gottes Ptah, balsamierten die Ägypter auch noch zahlreiche andere Rinder, die zwar nicht als Gott angesehen wurden, aber dennoch als sakrosankt galten. Dies waren die Mütter der Apis-Stiere, heilige Kühe des Apis und andere Tiere der Tempelherde. Von diesen Tieren wurden mehrere Mumien bei Grabungen in Ägypten gefunden, und einige gelangten auch in die Museen.

Eine solche Rindermumie besaß auch die Staatliche Sammlung Ägyptischer Kunst in München, die sich jetzt als Dauerleihgabe im Institut für Anthropologie und Humangenetik, München, befindet.

Sie war durch Kriegseinwirkung so stark zerfallen, daß eine Restaurierung nicht möglich war. Deshalb entschloß man sich, die

Ursprünglicher Zustand der Münchner Rindermumie

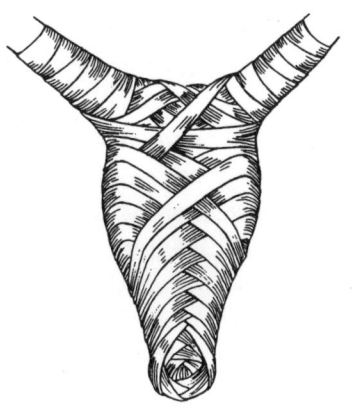

Bindenwicklung am Kopf der Rindermumie

Mumie auszuwickeln, um einmal die Balsamierungstechnik an einem heiligen Rind studieren zu können. 13 Wissenschaftler verschiedener Disziplinen waren an der Untersuchung beteiligt.[122]

Die komplizierte Wickeltechnik, wie sie das Apis-Balsamierungsritual beschreibt, ließ sich deutlich am Kopf der Rindermumie erkennen und auch die Verwendung von harzigen Salbölen. Eine Mumifizierung des Körpergewebes war allerdings an diesem Rind nicht erfolgt. Beim Ablösen der Leinenbinden sah man, daß der Körper nur aus einem Stapel Knochen bestand, die auf einem Brett aufgehäuft und durch Auspolsterung mit Leinen und geschickter Wicklung in die Form eines liegenden Rindes gebracht worden waren. Dieser Zustand des Körpers war zunächst recht überraschend; er stimmt jedoch gut mit der Beschreibung Herodots überein, die dieser von dem Begräbnis eines heiligen Stieres in Ägypen gibt:[123]

«Stirbt ein Rind, wird es auf folgende Weise bestattet: Die Kühe werfen sie in den Fluß. Die Stiere graben sie vor der Stadt ein und lassen ein Horn oder auch alle beide als Zeichen hervorragen. Wenn das Tier verwest ist und die vorgeschriebene Zeit naht, kommt in jede Stadt eine Barke ... Sie graben die Knochen aus, bringen sie alle an einen bestimmten Platz und begraben sie dort.»

Möglicherweise ist der Körper der Münchner Rindermumie auf ähnliche Weise behandelt worden, obgleich es sich bei dem Tier gar nicht um einen Stier, sondern um einen Ochsen handelt, also ein kastriertes Tier.

Außer Rindern waren den Ägyptern aber noch zahlreiche andere Tierarten heilig, deren Kulte meist lokal begrenzt waren, etwa auf einen Gau oder später sogar nur auf eine Ortschaft. So verehrte man in Kom Ombo das Krokodil als Ba des Gottes Sobek, und eine große Anzahl ausgewachsener, mumifizierter Krokodile in bemalten Särgen sind dort auf dem Krokodilfriedhof gefunden worden.

Daneben galt das Krokodil auch im Fayum als heiliges Tier. Herodot gibt uns eine sehr anschauliche Beschreibung, wie wir uns die Haltung eines solchen heiligen Tieres im Tempelbezirk vorstellen müssen:[124]

«Die Leute, die um Theben und den Moirisee wohnen, halten sie (die Krokodile) in besonderem Maß für heilig. Beide Gruppen unter ihnen unterhalten eines dieser Krokodile; sie sind abgerichtet, so daß sie sich mit der Hand berühren lassen; sie stecken ihnen aus Stein geschmolzene und goldene Ohrgehänge in die Ohren, legen ihnen Ketten um die Vorderfüße und geben ihnen Speisen, die zu heiligem Gebrauch bestimmt sind; und pflegen sie aufs beste, so daß sie ein herrliches Leben haben. Wenn sie gestorben sind, balsamieren sie sie ein und begraben sie in einem heiligen Sarg.»

Sehr häufig sind in ägyptischen Sammlungen Ibismumien vorhanden. Dieser Vogel war ebenso wie der Pavian das heilige

Mumifizierte Krokodile und Krokodilssärge in Kom Ombo

Tier des Gottes Thot. Das Zentrum ihrer Verehrung und somit auch Bestattung lag in der Nähe des Ortes Hermopolis magna, heute Tuna el-Gebel. Unvorstellbare Mengen von Ibismumien lagern dort auch noch heute in den unterirdischen Galerien. Die Tierkadaver oder auch Ibiseier sind mit Leinenbinden zu kunstvoll gewickelten Paketen verschnürt und dann meist in einem Tontopf verpackt beigesetzt.

1983 hatten Joachim Boessneck und Angela von den Driesch die Möglichkeit, zahlreiche zoologische Reste aus den Tiergalerien von Tuna el-Gebel zu untersuchen.[125] Sie fanden heraus, daß dort nicht nur Ibis- und Pavianmumien bestattet waren, sondern auch andere Vögel. Insgesamt 20 Vogelarten neben Ibissen konnten sie identifizieren, vor allem Greifvögel wie Adler, Bussarde, Milane und Sperber, aber auch drei Eulenarten, einen Storch, ein Flughuhn und eine Krähe.

Außer den erwähnten Kulten für Rinder, Krokodile, Ibisse und Paviane gab es im ptolemäischen Ägypten noch eine ganze Reihe anderer heiliger Tiere an verschiedenen Kultorten in Ägypten: Widder, Gazelle, Katze, Hund, Fisch und Schlange. Sogar Kleintiere wie Eidechse, Frosch oder Skarabäus-Käfer fanden Verehrung. Die Sitte, in diesem großen Umfang Tiere zu verehren und dann aufwendig zu bestatten, ist eine Erscheinung vom Ende der altägyptischen Kultur. Der Tierkult wurde auch unter der römischen Herrschaft noch von weiten Kreisen der Bevölkerung praktiziert; erst das Christentum beseitigte dann endgültig die kultische Verehrung heiliger Tiere.

Fragen für die Zukunft – Mumien in Museumsvitrinen, ja oder nein?

Mumien üben eine große Anziehung auf die Besucher einer altägyptischen Ausstellung aus. Deshalb wird jeder Verantwortliche für eine Sammlung es sich gründlich überlegen, ob er sie in der Schauvitrine zeigt oder im Magazin beläßt. Für diese Frage gibt es sicherlich keine einheitliche Lösung, denn, abgesehen von der persönlichen Einstellung des Kustos, ist auch die Konzeption jedes Museums unterschiedlich. Sammlungen können von ihrem Bestand her schwerpunktmäßig mehr kunstgeschichtlich orientiert sein, und hier würde die Ausstellung einer Mumie sicher anders wirken als im Rahmen einer mehr kulturhistorisch, ethnologisch oder anthropologisch ausgerichteten Sammlung.

Ein weiterer wichtiger Faktor für die Frage «Ausstellung von Mumien, ja oder nein?» ist die Art der Präsentation. Dies betrifft vor allem die grundsätzliche Entscheidung, nur Mumien zu zeigen, die noch von ihren Leinenbinden umhüllt sind, oder auch ausgewickelte, möglicherweise sogar Teile von Mumienkörpern wie Köpfe und Hände.

Mit diesen Fragen müssen sich vor allem Ägyptologen auseinandersetzen, die Sonderausstellungen zum Thema «Altägyptische Mumien» erarbeiten. Ausstellungen, die neuste Ergebnisse moderner naturwissenschaftlicher Untersuchungen von Mumien zeigen, stoßen auf ein großes Interesse. Dies wurde deutlich an den Erfolgen in Manchester und den USA und auch an der Publikumsresonanz auf Fernsehdokumentationen zu diesem Thema.

Ziel dieser Ausstellungen ist eine sachliche Information über das Bemühen der alten Ägypter, den menschlichen Körper über den Tod hinaus dauerhaft zu konservieren, um als Aufenthaltsort der Seele dienen zu können. Weiterhin erfährt der Besucher aus den Ergebnissen der Mumienforschung direkt etwas über die Lebensbedingungen im pharaonischen Ägypten. Das Bestreben der Ausstellungskonzeption sollte es jedoch auch sein, dem Besucher zu verdeutlichen, daß er nicht in ein Gruselkabinett kommt. Er steht dem Körper eines Menschen gegenüber, der vor Jahrtausenden gelebt hat und durch die naturwissenschaftlichen Untersuchungen zu einem sprechenden Zeugen seiner Zeit geworden ist. Diese Art der Mumienbetrachtung dem Besucher zu vermitteln wird in Zukunft das Ziel altägyptischer Mumienausstellungen sein.

Weiterhin muß man sich aber heute auch mit der Frage beschäftigen, ob es Grenzen für naturwissenschaftliche Untersuchungen an Mumien gibt? Es gelingt jetzt nicht nur, das Aussehen eines Ägypters zu Lebzeiten aus den computertomographischen Daten seiner Mumie zu rekonstruieren, sondern es wird auch an der Untersuchung der Erbsubstanz DNA in den Körperzellen gearbeitet. Damit tauchen in der Mumienforschung die gleichen

Probleme auf, wie sie bereits seit längerem für die Forschungen am Erbgut heutiger Menschen diskutiert werden.

Diese Überlegungen sind für die Ägyptologie neu, man muß sich aber in der nächsten Zeit auch mit ihnen auseinandersetzen, da sich die Möglichkeiten der naturwissenschaftlichen Untersuchungen in einem bisher noch nicht gekannten Tempo weiterentwickeln.

Es war das Bestreben der alten Ägypter, in der Mumie einen Körper für die Ewigkeit zu schaffen. Mit naturwissenschaftlichen Arbeiten gelang es, die Mumie vom Kuriosum eines Raritätenkabinettes zu einem Zeugen ihrer Zeit zu machen. Es ist aber jetzt auch die Aufgabe, zu verhindern, daß Mumien leichtfertig zu naturwissenschaftlichen Testobjekten werden.

Anhang

Zeittafel des alten Ägypten

Vorgeschichte	bis um 3000 v. Chr.
Frühzeit	
1./2. Dynastie	2925–2657 v. Chr.
Altes Reich	
3. Dynastie	2657–2581 v. Chr.
4. Dynastie	2581–2466 v. Chr.
5. Dynastie	2466–2325 v. Chr.
6. Dynastie	2325–2154 v. Chr.
1. Zwischenzeit	
8.–10. Dynastie	2154–2030 v. Chr.
Mittleres Reich	
11./12. Dynastie	
Reichseinigung	2030 v. Chr.
Mentuhotep II.	
12. Dynastie	1994–1781 v. Chr.
2. Zwischenzeit	
13.–17. Dynastie	1781–1542 v. Chr.
Neues Reich	
18. Dynastie	1542–1305 v. Chr.
19. Dynastie	1305–1189 v. Chr.
20. Dynastie	1189–1069 v. Chr.
3. Zwischenzeit	
21.–25. Dynastie	1069– 664 v. Chr.
Spätzeit	
26.–30. Dynastie	664– 332 v. Chr.
Ptolemäerzeit	332– 30 v. Chr.
Römische Herrschaft	30 v. Chr.–395 n. Chr.

Nach W. Helck, Geschichte des alten Ägypten (Leiden–Köln 1981²) und einem Vortrag, vorgelegt beim «Internationalen Colloquium für absolute Chronologie in Göteborg» am 21. 8. 1987.

Anmerkungen

1 Mose I,50

2 Des Pedanios Dioskurides aus Anazarbos Arzneimittellehre, übersetzt von J. Berendes, Stuttgart 1902, I. Buch, Cap. 100

3 Nach Thomas Joseph Pettigrew, A History of Egyptian Mummies, London 1834, 5

4 Über die Herkunft und Verwendung von Mumia siehe Benno R. Meyer-Hicken, Über die Herkunft der Mumia genannten Substanzen und ihre Anwendung als Heilmittel, Diss. Kiel 1978

5 Mumie der Ratsapotheke Lübeck, jetzt St. Annen Museum Lübeck, Inventar-Nr. 7204

6 F. X. Schmuzer, in: Bertuch's Bilderbuch für Kinder, 1790

7 Richard Pococke, Beschreibung des Morgenlandes, I. Teil Ägypten, Erlangen 1754, Tf. XX, S. 83.

8 Dard Hunter, Papermaking, New York 1978, 382 ff.

9 Aidan Cockburn, in: Aidan und Eve Cockburn ed., Mummies, Disease, and Ancient Cultures, Cambridge 1980, 4

10 Vincent Stochove, Voyage en Egypte 1631, Baudouin van de Walle ed., L'Institut Français d'Archéologie Orientale du Caire, Kairo 1975, 450

11 Gabriel Brémond, Voyage en Egypte 1643–1645, Georges Sanguin ed., L'Institut Français d'Archéologie Orientale du Caire, Kairo 1974, 100 ff.

12 Pietro Della Valle, Reiss-Beschreibung in unterschiedliche Theile der Welt, Genf 1674

13 Raymond Leplat, Recueil des marbres antiques qui se trouvent dans la galerie du Roy de Pologne à Dresden, Dresden 1733, Tf. 197

14 Burkhard Richter, Städtisches Gustav-Lübcke-Museum Hamm 1886–1986, Hundert Jahre Sammlung, Hamm 1986, 84 ff.

15 Dzierzykray-Rogalski, in: A. R. David ed., Science in Egyptology, Manchester 1986, 101 ff.

16 Netolitzky, in: Mitteilungen des Deutschen Instituts für Ägyptische Altertumskunde in Kairo, 1. Ergänzungsheft, Berlin, Wiesbaden 1943

17 Lucas, in: The Journal of Egyptian Archaeology 18, London 1932, 125 ff.

18 Ahmed M. Moussa und Hartwig Altenmüller, The Tomb of Nefer and Ka-Hay, Archäologische Veröffentlichungen 5, Deutsches Archäologisches Institut, Abteilung Kairo, Mainz 1971

19 Heinrich Freiherr von Minutoli, Reise zum Tempel des Jupiter Ammon, Berlin 1824, 289/90

20 Howard Vyse, Operations Carried on at the Pyramids of Gizeh in 1837, Bd. III, London 1842, 46

21 Lauer und Derry, in: Annales du Service des Antiquités de l'Egypte 35, Kairo 1935, 25 ff.

22 Heinrich Brugsch, Mein Leben und mein Wandern, Berlin 1894, 349/50

23 Heinrich Schäfer, Priestergräber und andere Grabfunde vom Ende des Alten Reiches bis zur griechischen Zeit vom Totentempel des Ne-User-Rê, Wissenschaftliche Veröffentlichung der Deutschen Orient-Gesellschaft, Leipzig 1908, 30 ff.

24 Winlock, in: Bulletin of the Metropolitan Museum of Art 35, New York 1940, 253 ff.

25 Strouhal, in: A. R. David ed., Science in Egyptology, Manchester 1986, 141 ff.

26 D'Auria und Marx, in: Mummies and Magic, Museum of Fine Arts, Boston, Katalog 1988, 112

27 Margaret A. Murray, The Tomb of Two Brothers, Manchester 1910, 32

28 Arthur C. Mace und Herbert E. Winlock, The Tomb of Senebtisi at Lisht, Publications of the Metropolitan Museum of Art Egyptian Expedition 1, New York 1916, 119 ff.

29 Derry, in: Annales du Service des Antiquités de l'Égypte 41, Kairo 1942, 248 ff.

30 Herodot, Historien, E. Richtsteig ed., München 1961, II, 86

31 Louis Keimer, Remarques sur le tatouage dans l'Égypte Ancienne, Mémoires présentés à l'Institut d'Égypte 53, Kairo 1948

32 Howard Carter, Tut-ench-Amun, Ein ägyptisches Königsgrab, Bd. 2, Leipzig 1927, 135

33 Howard Carter, siehe Anm. 32, 192

34 Harrison und Abdalla, in: Antiquity 46, Cambridge 1972, 8 ff.

35 Howard Carter, siehe Anm. 32, 190

36 Howard Carter, siehe Anm. 32, 197

37 London Press Service, No 8521/1SV

38 Howard Carter, siehe Anm. 32, 201

39 Leek, in: The Journal of Egyptian Archaeology 63, London 1977, 112 ff.

40 Nach Wente, in: Journal of Near Eastern Studies 42, Chicago 1983, 316

41 Kitchen, in: Journal of Near Eastern Studies 44, Chicago 1985, 236

42 Harrison, in: The Journal of Egyptian Archaeology 52, London 1966, 95 ff.

43 Germer, in: Studien zur Altägyptischen Kultur 11, Hamburg 1984, 85 ff.

44 Henry, in: Aidan and Eve Cockburn ed., Mummies, Disease, and Ancient Cultures, Cambridge 1980, 333

45 F. Filce Leek, The Human Remains from the Tomb of Tutʿankhamūn, Tutʿankhamūn's Tomb Series V, Oxford 1972, 9

46 Millet et al., in: Aidan and Eve Cockburn ed., Mummies, Disease, and Ancient Cultures, Cambridge 1980, 82

47 Philipp Vandenberg, Der Fluch der Pharaonen, Bern und München 1973, 128/9

48 Bernard Bruyère, Rapport sur les fouilles de Deir el Médineh (1934–1935) II, Fouilles de l'Institut Français du Caire, Kairo 1937, 11 ff.

49 W. M. Flinders Petrie, Kahun, Gurob, and Hawara, London 1890, 24

50 F. Filce Leek, siehe Anm. 45, 21 ff.

51 Harrison et al., in: Antiquity 53, Cambridge 1979, 19 ff.

52 Herbert E. Winlock, Materials Used at the Embalming of King Tūt-ᶜAnkh-Amūn, The Metropolitan Museum of Art Papers No. 10, New York 1941

53 Adolf Erman, Ägypten und ägyptisches Leben im Altertum, Tübingen 1923, 149

54 Westfälischer Anzeiger Nr. 138, 20. November 1886, zitiert nach Richter, siehe Anm. 14

55 Smith, in: The Journal of Egyptian Archaeology 1, London 1914, 194

56 Günther Roeder, Urkunden zur Religion des Alten Ägypten, Jena 1915, 297 ff.

57 Elmar Edel, Das Akazienhaus und seine Rolle in den Begräbnisriten, Münchner Ägyptologische Studien 24, München 1970, 26/7; Spiegelberg, in: Zeitschrift für Ägyptische Sprache und Altertumskunde 51, Leipzig, Berlin 1913. 89 ff.

58 Zitiert nach G. Elliot Smith und Warren R. Dawson, Egyptian Mummies, London 1924, 70; Übersetzung Lothar Störk, Hamburg

59 Strouhal, in: The Journal of Egyptian Archaeology 66, London 1980, 34

60 Prominska, in: A. R. David ed., Science in Egyptology, Manchester 1986, 113 ff.

61 Sandison, in: Aidan and Eve Cockburn ed., Mummies, Disease, and Ancient Cultures, Cambridge 1980, 42

62 Hermann Ranke, Koptische Friedhöfe bei Karâra, Berlin und Leipzig 1926, 16

63 Aylward Manley Blackman, The Rock-Tombs of Meir V, Archaeological Survey of Egypt 28, London 1952, 50 ff.

64 Arbeiten anläßlich der Sonderausstellung Mumien und Computer, Hannover 1991

65 Sudhoff, in: Archiv für Geschichte der Medizin 5, Leipzig 1911, 165 ff.

66 Leek, in: The Journal of Egyptian Archaeology 55, London 1969, 112 ff.

67 Joseph Passalacqua, Catalogue raisonné et historique des antiquités découvertes en Égypte, Paris 1826, 154

68 Heinrich Schäfer, siehe Anm. 23, 104, Tf. 80

69 Manfred Bietak und Elfriede Reiser-Haslauer, Das Grab des ᶜAnch-Hor II, Österreichische Akademie der Wissenschaften, Denkschriften der Gesamtakademie, Band VII, Wien 1982, 183 ff., Abb. 84

70 Robert Mond und Oliver H. Myers, The Bucheum I, Egypt Exploration Society 41, London 1934, 100/1

71 Garner, in: A. R. David ed., The Manchester Museum Mummy Project, Manchester 1979, 19 ff.

72 Diodorus Siculus XIX, 99, Loeb Classical Library, London 1954

73 Rullkötter und Nissbaum, in: Naturwissenschaften 75, Berlin, Heidelberg 1988, 618 ff.

74 Germer, in: Studien zur Altägyptischen Kultur 13, Hamburg 1986, 95 ff.

75 Ludwig Keimer, Die Gartenpflanzen im alten Ägypten II, Renate Germer ed., Archäologische Veröffentlichungen, Deutsches Archäologisches Institut, Abteilung Kairo, Sonderschrift 13, Mainz 1984, 71, Anm. 32

76 Plu, in: Lionel Balout ed., La momie de Ramsès II, Paris 1985, 166 ff.

77 Vivi Täckholm und Mohammed Drar, Flora of Egypt III, Cairo University, Bulletin of the Faculty of Science, Vol. 30, Kairo 1954, 105

78 Warren R. Dawson, A Bibliography of Works Relating to Mummification in Egypt, Mémoires présentés à l'Institut d'Égypte 30, Kairo 1929, 22, 23

79 Layer-Lescot, in: Lionel Balout ed., La momie de Ramsès II, Paris 1985, 182 ff.

80 Renate Germer, Katalog der altägyptischen Pflanzenreste der Berliner Museen, Ägyptologische Abhandlungen 47, Wiesbaden 1988, 12

81 Adolf Erman, Die Religion der Ägypter, Berlin und Leipzig 1934, 279

82 W. M. Flinders Petrie, Abydos I 1902, Memoires of the Egypt Exploration Fund 22, London 1902, Pl. LXXVIII

83 Adolf Erman, siehe Anm. 81, 137

84 G. Elliot Smith, The Royal Mummies, Catalogue Général des Antiquités Egyptiennes du Musée du Caire, Nos 61051–61100, Kairo 1912, 75

85 Renate Germer, Die Textilfärberei und die Verwendung gefärbter Textilien im pharaonischen Ägypten, in Vorbereitung

86 Renate Germer, Die Pflanzenmaterialien aus dem Grab des Tut-anch-amun, Hildesheimer Ägyptologische Beiträge 28, Hildesheim 1989, 4 ff.

87 Margaret A. Murray, siehe Anm. 27

88 A. Rosalie David ed., Manchester Museum Mummy Project, Manchester 1979

89 Tapp, in: A. R. David ed. Manchester Museum Mummy Project, Manchester 1979, 97

90 Sandison, siehe Anm. 61, 40; Zimmermann, in: Journal of the American Research Center in Egypt XIV, Boston 1977, 33 ff.

91 Wolfgang Helck, die Lehre des Dw3-Htjj I und II, Kleine ägyptische Texte, Wiesbaden 1979

92 Walther Wolf, Das alte Ägypten, München 1971, 193/4

93 Aylward Manley Blackman, The Rock-Tombs of Meir I, Archaeological Survey of Egypt 22, London 1914, Pl.IX und X

94 Wolfgang Helck und Eberhard Otto, Lexikon der Ägyptologie III, Wiesbaden 1980, 82

95 Jacques Vandier, La famine dans l'Égypte ancienne, Kairo 1936

96 Sandison, siehe Anm. 61, 30

97 Hildegard von Deines, Hermann Grapow und Wolfhart Westendorf, Übersetzung der Medizinischen Texte, Grundriß der Medizin IV, 1, Berlin 1958, 305

98 Raymond O. Faulkner, The Ancient Egyptian Coffin Texts I, Spell 98, Warminster 1973

99 Millet, siehe Anm. 46, 71 ff.

100 Tapp, siehe Anm. 89, 99

101 Herodot, siehe Anm. 30, II, 47

102 Miller, in: The Journal of Egyptian Archaeology 76, 1990, 125 ff.

103 Alan H. Gardiner, The Admonitions of an Egyptian Sage, Leizpig 1909, 2,5–2,7

104 James B. Pritchard ed., Ancient Near Eastern Texts, Princeton, New Jersey 1955, 394 ff.

105 Sandison, siehe Anm. 61, 30 ff.

106 Sandison, siehe Anm. 61, 29

107 Bernard Bruyère, siehe Anm. 48, 166/7

108 Joseph Passalacqua, siehe Anm. 67, 231 ff.

109 Smith, in: The British Medical Journal 1908, London 1908, 732 ff.

110 Hermann Junker, Bericht über die von der Akademie der Wissenschaften in Wien auf gemeinsame Kosten mit Dr. Wilhelm Pelizäus unternommenen Grabungen auf dem Friedhof des AR bei den Pyramiden von Gîza I, Denkschriften der Kaiserlichen Akademie der Wissenschaften in Wien, Phil.-hist. Kl. 69, Wien 1929, 256 ff.

111 Iskander, in: Annales du Service des Antiquités de l'Égypte 63, 1979, 104 ff.

112 Derry, in: Annales du Service des Antiquités de l'Égypte 34, Kairo 1934, 47/8

113 J. E. Harris und K. R. Weeks, X-raying the Pharaos, London, New York 1973; J. E. Harris und E. F. Wente ed., X-ray Atlas of the Royal Mummies, Cambridge, New York 1980

114 Kenneth A. Kitchen, The Third Intermediate Period in Egypt, Warminster 1973, 59

115 Robins und Shute, in: Journal of Human Evolution 12, London 1983, 455 ff.

116 Kitchen, siehe Anm. 41, 236

117   Walter König, 14 Photographien mit Röntgen-Strahlen, Leipzig 1896
118   W. M. Flinders Petrie, Deshasheh, Egypt Exploration Society 15, London
      1898, Pl. XXXVII
119   Virchow, in: Zeitschrift für Ethnologie 28, Berlin 1896, 192 ff.
120   Neave in: A. R. David ed., The Manchester Museum Mummy Project,
      Manchester 1979, 149 ff.
121   Spiegelberg, in: Zeitschrift für Ägyptische Sprache und Altertumskunde
      54, Berlin 1916, 1 ff.
122   Joachim Boessneck ed., Die Münchner Ochsenmumie, Hildesheimer
      Ägyptologische Beiträge 25, Hildesheim 1987
123   Herodot, siehe Anm. 30, II, 41
124   Herodot, siehe Anm. 30, II, 69
125   Joachim Boessneck ed., Tuna el-Gebel I, Hildesheimer Ägyptologische
      Beiträge 28

Bildquellen

S. 3   Foto aus Erik Hornung, Tal der Könige, Zürich und München 1982, 17
S. 15   Deutsches Apotheken-Museum, Im Heidelberger Schloß
S. 16   Pierre Pomet, Der aufrichtige Materialist und Specerey-Händler,
        Fab. LII, Leipzig 1717
S. 19   Richard Pococke, Beschreibung des Morgenlandes, I. Teil Ägypten,
        Erlangen 1754, Tf. XX; F. X. Schmuzer, in: Bertuch's Bilderbuch für
        Kinder, 1790; Mumie der Ratsapotheke Lübeck, jetzt St. Annen
        Museum Lübeck, Inventar-Nr. 7204
S. 21   Vincent Stochove, Voyage en Egypte 1631, Baudouin van de Walle ed.,
        L'Institut Français d'Archéologie Orientale du Caire, Kairo 1975, Titel-
        bild
S. 23   Copyright Geoffrey T. Martin
S. 24   Gustav Lübcke Museum, Hamm
S. 25   Gustav Lübcke Museum, Hamm
S. 27   British Museum, London, Einladung zum Kongreß Biological Anthro-
        pology and the Study of Ancient Egypt, London 1990
S. 31   Foto aus Georg Andrew Reisner, A History of the Giza Necropolis I,
        Cambridge 1942, Pl. 42
S. 33   Foto aus Georg Andrew Reisner, A History of the Giza Necropolis I,
        Cambridge 1942, Pl. 42

S. 38   Arthur C. Mace und Herbert E. Winlock, The Tomb of Senebtisi at Lisht, Publications of the Metropolitan Museum of Art Egyptian Expedition 1, New York 1916, Fig. 9

S. 39   Heinrich Schäfer, Priestergräber und andere Grabfunde vom Ende des Alten Reiches bis zur griechischen Zeit vom Totentempel des Ne-User-Rê, Wissenschaftliche Veröffentlichung der Deutschen Orient-Gesellschaft, Leipzig 1908, Abb. 31

S. 43   Foto aus W. M. Flinders Petrie, Gizeh and Rifeh, British School of Archaeology in Egypt, Warminster 1907, Pl. XII D

S. 44   Arthur C. Mace and Herbert E. Winlock, The Tomb of Senebtisi at Lisht, Publications of the Metropolitan Museum of Art Egyptian Expedition 1, New York 1916, Fig. 1

S. 47   Copyright Staatliche Museen Preußischer Kulturbesitz, Ägyptisches Museum, Inventar-Nr. 9583, Foto Margarete Büsing

S. 48   Louis Keimer, Remarques sur le tatouage dans l'Égypte Ancienne, Mémoires présentés à l'Institut d'Égypte 53, Kairo 1948

S. 50   Copyright Griffith Institute, Oxford

S. 53   Copyright Griffith Institute, Oxford

S. 57   Copyright The Times, London

S. 60   Copyright Griffith Institute, Oxford

S. 61   Copyright Griffith Institute, Oxford

S. 62   Copyright Griffith Institute, Oxford

S. 67   Copyright Griffith Institute, Oxford

S. 68   Copyright Griffith Institute, Oxford

S. 72   Illustrierte Zeitung Nr. 1994 vom 17.9. 1881, Foto eines Exemplares im Gustav Lübcke Museum, Hamm

S. 74   Foto aus Erik Hornung, Tal der Könige, Zürich und München 1982, 17

S. 75   Mumienbuch, Gustav Lübcke Museum, Hamm

S. 77   Mumienbuch, Gustav Lübcke Museum, Hamm

S. 78   Foto aus G. Elliot Smith, The Royal Mummies, Catalogue Général des Antiquités Égyptiennes du Musée du Caire Nos 61051–61100, Kairo 1912, Pl. XXXI, Fig. 1 und Pl. XXXII, Fig. 1

S. 80   Smith, in: The Journal of Egyptian Archaeology 1, London 1914, 194

S. 82   Foto aus G. Elliot Smith, The Royal Mummies, Catalogue Général des Antiquités Égyptiennes du Musée du Caire Nos 61051–61100, Kairo 1912, Pl. LXXVI, Fig. 1

S. 85   G. Elliot Smith und Warren R. Dawson, Egyptian Mummies, London 1924, Pl. I

S. 86   Thomas Joseph Pettigrew, History of Egyptian Mummies, London 1834, Pl. XI

S. 87   Thomas Joseph Pettigrew, History of Egyptian Mummies, London 1834, Pl. II

S. 91   Foto aus Hermann Ranke, Koptische Friedhöfe bei Karâra, Berlin und Leipzig 1926, Tf. 10

S. 93   Foto aus Ludwig Borchardt, Denkmäler des Alten Reiches I, Catalogue Général des Antiquités Égyptiennes du Musée du Caire Nos 1295–1541, Berlin, Kairo 1937, Blatt 3, Inventar-Nr. 1321

S. 94   Aylward Manley Blackman, The Rock-Tombs of Meir V, Archaeological Survey of Egypt 28, London 1952, Pl. XLII

S. 95   Aylward Manley Blackman, The Rock-Tombs of Meir V, Archaeological Survey of Egypt 28, London 1952, Pl. XLII

S. 98   Sudhoff, in: Archiv für Geschichte der Medizin 5, Leipzig 1911, Tf. 1

S. 99   Foto aus Leek, in: The Journal of Egyptian Archaeology 55, London 1969, Pl. XXVI; mit freundlicher Genehmigung des Liverpool Museum

S. 100 Manfred Bietak und Elfriede Reiser-Haslauer, Das Grab des ᶜAnch-Hor II, Österreichische Akademie der Wissenschaften, Denkschrift der Gesamtakademie, Band VII, Wien 1982, Abb. 84

S. 105 Adolf Erman, Ägypten und ägyptisches Leben im Altertum, Tübingen 1923, Abb. 255

S. 106 Norman de Garis Davies, The Rock Tombs of El Amarna III, Archaeological Survey of Egypt 15, London 1905, Pl. XXXII A

S. 107 Foto aus Germer, in: Studien zur Altägyptischen Kultur 13, Hamburg 1986, Tf. 10, 1; Foto Gerfried Ziegelmeyer, München

S. 108 Foto Germer

S. 110 Foto aus Lionel Balout ed., La momie de Ramsès II, Paris 1985, Fig. 34

S. 112 Mumienbuch, Gustav Lübcke Museum, Hamm

S. 113 Kestner Museum, Hannover, Inventar-Nr. 1935, Foto Lindner

S. 115 G. Elliot Smith und Warren R. Dawson, Egyptian Mummies, London 1924, Fig. 53

S. 115 Kestner Museum, Hannover, Inventar-Nr. 3435a und b, 3434a und b, 1950.75, 2698, Foto Lindner

S. 115 G. Elliot Smith und Warren R. Dawson, Egyptian Mummies, London 1924, Fig. 58

S. 116 Kestner Museum, Hannover, Inventar-Nr. 2793, 2711, 2712, 2805, Foto Lindner

S. 117 Kestner Museum, Hannover, Inventar-Nr. 3454, Foto Germer

S. 120 Kestner Museum, Hannover, Inventar-Nr. 5240a, Foto Germer

S. 121 Schweinfurth, in: Gartenlaube, Berlin 1884, 628

S. 122 Copyright Griffith Institute, Oxford

S. 123 Copyright Griffith Institute, Oxford

S. 124   Metropolitan Museum of Art, New York, Inventar-Nr. 09.184.214, 09.184.215, 09.184.216, Foto Germer

S. 125   Norman de Garis Davies, The Tomb of Rekh-mi-Rēᶜ at Thebes, Publications of the Metropolitan Museum of Art Egyptian Expedition 11, New York 1943, Pl. LXVII

S. 127   Mumienbuch, Gustav Lübcke Museum, Hamm

S. 128   Botanisches Museum Berlin-Dahlem, Foto Germer

S. 128   Kestner Museum, Hannover, Inventar-Nr. 1935.200.192

S. 129   Adolf Erman, Ägypten und ägyptisches Leben im Altertum, Tübingen 1923, Abb. 163

S. 131   Foto Pelizaeus-Museum Hildesheim, Inventar-Nr. 1585

S. 132   Foto Manchester Museum

S. 133   Foto Manchester Museum

S. 136   Hermann Junker, Die gesellschaftliche Stellung der ägyptischen Künstler im Alten Reich, Sitzungsberichte der Österreichischen Akademie der Wissenschaften, philosoph. hist. Klasse, 233. Band, 1. Abhandlung, Wien 1959, Abb.1

S. 138   Aylward Manley Blackman, The Rock-Tombs of Meir I, Archaeological Survey of Egypt 22, London 1914, Pl. IX und X

S. 139   Foto aus A. Rosalie David ed., Manchester Museum Mummy Project, Manchester 1979, 56, Abb. 35; mit freundlicher Genehmigung von I. Isherwood

S. 141   Lucienne Épron und François Daumas, Le Tombeau de Ti Bd. I und Henri Wild, Bd. II, Mémoires publiés par les Membres de l'Institut Français d'Archéologie Orientale du Caire, 65, Kairo 1939 und 1953, Pl. CX

S. 145   Foto Ny Carlsberg Glyptothek, Kopenhagen

S. 147   Foto aus G. Elliot Smith, The Royal Mummies, Catalogue Général des Antiquités Égyptiennes du Musée du Caire Nos 61051–61100, Kairo 1912, Pl. LVI

S. 149   Foto Ägyptisches Museum Kairo

S. 152   Foto aus Hermann Junker, Bericht über die von der Akademie der Wissenschaften in Wien auf gemeinsame Kosten mit Dr. Wilhelm Pelizäus unternommenen Grabungen auf dem Friedhof von Gîza I, Denkschriften der Kaiserlichen Akademie der Wissenschaften in Wien, Phil.-hist. Kl. 73, Wien 1929, Tf. XLa

S. 155   Mumienbuch, Gustav Lübcke Museum, Hamm

S. 156   Foto aus G. Elliot Smith, The Royal Mummies, Catalogue Général des Antiquités Égyptiennes du Musée du Caire Nos 61051–61100, Kairo 1912, Pl. XXIX

S. 162   Foto aus Walter König, 14 Photographien mit Röntgenstrahlen, Leipzig 1896

S. 164   Foto Kestner Museum, Hannover; Röntgenbild Radiol. Uniklinik Hamburg

S. 166   Foto K.-H. Höhne, Institut für Mathematik und Datenverarbeitung in der Medizin, Universität Hamburg

S. 167   Foto K.-H. Höhne, Institut für Mathematik und Datenverarbeitung in der Medizin, Universität Hamburg

S. 169   Virchow, in: Zeitschrift für Ethnologie 28, Berlin 1896, 194 und 195

S. 170   Foto aus A. Rosalie David ed., Manchester Museum Mummy Project, Manchester 1979, 154, Abb. 8 und 9; mit freundlicher Genehmigung von R. A. H. Neave

S. 171   Foto Kestner Museum, Hannover; mit freundlicher Genehmigung des Herstellers des Kopfes, Medizinelektronik GmbH, Kiel

S. 173   Foto A. Germer

S. 174   Foto aus Robert Mond und Oliver H. Myers, The Bucheum III, London 1934, Pl. CXI,1

S. 175   Joachim Boessneck ed., Die Münchner Ochsenmumie, Hildesheimer Ägyptologische Beiträge 25, Hildesheim 1987, Tf. 7, Abb. 13

S. 177   Foto A. Germer

Register